Kurt Tepperwein

Die hohe Schule des Lebens
Im Einklang mit sich selbst

Kurt Tepperwein

Die hohe Schule des Lebens

Im Einklang mit sich selbst

Originalausgabe Juli 2006
© 2005 Wilhelm Goldmann Verlag, München,
in der Verlagsgruppe Random House GmbH

Sonderauflage 2016 © by IAW Anstalt, Vaduz
www.iadw.com

ISBN: 9-783-7412-6348-4

Die Deutsche Nationalbibliothek verzeichnet diese Publikation
in der Deutschen Nationalbibliografie; detaillierte bibliografische Daten
sind im Internet über www.dnb.de abrufbar.

Umschlaggestaltung: www.layART.li
Umschlagmotiv: ©fotolia.com/malwa

Herstellung und Verlag: BoD – Books on Demand, Norderstedt
Made in Germany

Internationale Akademie der Wissenschaften (IAW) Anstalt, FL-9490 Vaduz
Tel. +423/233 12 12, Fax +423/233 12 14

Inhalt

Vorwort 9

Einladung 10

Menschen der Zukunft 11

Eine Raupe, die wirklich leben will,
muss zum Schmetterling werden 12

Der Weg zur Meisterschaft 15

Teil 1: Sich selbst meistern 17
Wie erkenne ich mich selbst? 19 • Selbst –
bewusst – sein 21 • An den Meister in dir 24 •
Die Wissenschaft vom Selbst 26 • Gehen
Sie in die Wahrnehmung 28 • Die Wahrnehmung – Erkennen außerhalb des Denkens 31 •
Die Illusion des Ichs 33 • Identifikation
mit dem Selbst – und Probleme lösen sich
auf 35 • Richten Sie Ihre Aufmerksamkeit
auf den gewünschten Endzustand 36 •
Lassen Sie los – und machen Sie sich auf
den Weg! 38 • Loslassen als Weg zur Vollkommenheit 39 • Begegnung mit der Dualität •
Licht atmen 40 • Leben in der Geistes-Gegen-

wart 41 • Leben im Jetzt 42 • Den Tag beginnen als »Ich selbst« 43

Teil 2: Das Leben meistern 45
Ego-Spiele erkennen und beenden 47 • Wesentlich leben 52 • Wie Sie Ihre Lebensintensität erhöhen können 53 • Wenn Sie etwas tun, was Sie nicht gerne tun 55 • Alles beginnt mit dem ersten Schritt 56 • Das Spiel des Lebens 58 • Glückskinder 61 • Im Einklang mit mir selbst (Meditation) 63 • Das Geheimnis von Wohlstand und Reichtum 65 • Wie Sie ganz sicher wohlhabend werden 69 • Neun Faktoren, die unser Schicksal bestimmen 73 • Den Weg der Freude gehen 75 • Schwierigkeiten bringen uns weiter 77 • Bewerten und Verurteilen aufgeben 78 • Heilende Krisen in unserem persönlichen Leben 79 • Wie gut sind Sie im Spiel des Lebens? 81 • Schreiben Sie Ihre Wunschbiografie 86 • Das Märchen vom Spiel des Lebens 88 • Bewusstsein ständig geschehen lassen 91 • Jeden Raum mit Liebe erfüllen 92 • Sich mit »Ich bin« erfüllen 94 • Über unsere Ziele 95 • Ich bin das Ziel 97 • Vom Sucher zum Finder werden 98 • Was bedeutet »Der Weg ist das Ziel«? 98 • Der Bauer und der liebe Gott 100 • Ich bin! 102 • Ich lege den Film »Meister« ein 104

Teil 3: Leben als Meister 107
Ein Leben im Meisterbewusstsein 109 • »Hallo, Meister!« 110 • Das Meisterspiel 112 • Der Weg zu einer erfüllenden Partnerschaft 115 • Spielregeln der Liebe 116 • Der Seelenpartner 122 • Die Kunst des Zelebrierens 127 • Die Aufgabe der Meisterschaft 128 • Geschenkte Gesundheit durch Identitätswechsel 130 • Geschenkte Gesundheit durch altersloses Leben 132 • Lebe – dein – Leben! 133 • Leben als Meister heißt tun, was stimmt 135 • Märchenhaftes Leben – meisterhaftes Leben 136 • Das Geheimnis der Sympathie 137 • Anweisungen an das Leben 139 • Wie man »Richtig« und »Falsch« eindeutig unterscheiden kann 142 • Der ideale Tagesablauf eines Meisters 144 • Sind Sie bereit für ein Leben als Meister? 146 • Meister-Training 147 • Beten als Meister 149 • Erfüllung durch den Augenblick (Meditation) 151 • Der Segen eines Meisters 154 • Die innere Gewissheit 155 • Übersinnliche Wahrnehmung und Intuition 157 • Ihre persönliche Meisterschaft 159 • Der Meister und seine Energie im Alltag 161 • Die Geschichte von einem Jungen, der Gott treffen wollte 162

Teil 4: Weisheit ist ein Seinszustand 165
Weisheit durch Erkenntnis 167 • Gelebte Weisheit und spirituelle Reife 168 • Die Wirklichkeit hinter dem Schein 169 • Die Geheimnisse des Seins 171 • Die Lösung für alle Probleme 173 • Viele Wege führen zur Wahrheit 175 • Die eine Wahrheit 177 • Das universelle Prinzip der spirituellen Manifestation 181 • Was ist Meditation? 183 • Das Märchen vom Hans im Glück 185 • Wahre Stille 197 • Wahre Freiheit 198 • Das »Wort« sprechen 201 • Der Meister als Vorbild 202 • Die erleuchteten Meister 204 • Einweihung und Erleuchtung 206 • Immer währendes Glück? Die Sehnsucht nach Erleuchtung 210 • Die Erleuchtung kommt zu dir 212 • Der Erleuchtungs-Atem 214 • Es gibt nichts zu tun – wir sind schon immer erleuchtet 216 • Leben im Tao 217

Resümee 218

Zum guten Schluss 219

Vorwort

Das Ziel der Evolution eines jeden Menschen ist das Erwachen zur eigenen Wirklichkeit. Wenn wir uns mit diesem Thema befassen, können wir uns wieder daran erinnern, wer wir wirklich sind. Wer ein Buch wie das vorliegende liest, hat schon ein gutes Stück des Weges zu sich selbst zurückgelegt und nutzt vielleicht die Chance, hiermit weitere Schritte zu tun. Aber auch für jemanden, der ein Buch mit diesem Thema gar nicht erst in die Hand nimmt, ist dieser Weg letztlich weder zu vermeiden noch zu verfehlen. Alles geschieht dann, wenn es stimmt. Und so gesehen sind Sie genau zur richtigen Zeit zu diesem Buch gekommen, damit Sie hier diesen Schritt tun: hervorzutreten aus der Illusion des Ichs. Zu erkennen, was immer schon war, sich bewusst zu erkennen als das *eine Sein*, das als viele in Erscheinung tritt, doch immer nur das eine ist. Und so ist eigentlich nichts zu tun, außer zu erkennen, was ist – und erwachen zur Wirklichkeit des Seins. Also kommen Sie zu Bewusstsein, indem Sie erkennen, dass Sie nie weg waren. Sie hatten es nur vergessen. Sie brauchen sich nur an sich selbst zu erinnern.

Einladung

Ich möchte mich bei Ihnen dafür bedanken, dass Sie sich entschieden haben, mit mir ein Stück des Weges zu gehen und sich daran zu erinnern, wer wir wirklich sind. So freue ich mich darauf, mit Ihnen einzutauchen in das, was Leben wirklich heißt: dass wir zurückkehren in die vergessene Vollmacht – die Vollmacht, die Realität beliebig zu verändern und die Schöpfung mitzugestalten. Wir machen uns bewusst, dass es im Universum keine Schicksalsverteilungsstelle gibt, sondern dass jeder für sein Schicksal selbst verantwortlich ist. Das Schöne ist, dass man in jedem Augenblick die Wahl hat, eine neue Ursache zu setzen. Viele Menschen haben deshalb keine Wahl, weil sie nicht wissen, dass sie die Wahl gehabt hätten. Also wählen sie nicht – und weil sie nicht gewählt haben, geschieht es nicht, und weil es nicht geschieht, denken sie, es geht nicht, und kommen irgendwann einmal zu der Erkenntnis: »Man kann im Leben nun mal nicht alles haben.«

Tatsache ist, Sie können vom Leben *alles* haben, Sie brauchen nur die entsprechende Ursache zu setzen. Treten wir also wieder ein in die Freiheit der Wahl und machen Gebrauch von unserem Recht, die Dinge zu bestimmen. Lassen Sie uns den Meister in uns wecken, wieder der sein, der wir wirklich sind, damit wir uns in uns selbst wohl fühlen, damit wir in uns selbst zu Hause sind.

Menschen der Zukunft

Ein neuer Mensch führt sein Leben als »Ich bin« und …
… ist bewusster Schöpfer,
… übernimmt die Verantwortung für seine Gesundheit und sein Schicksal,
… ist echt, ehrlich und authentisch,
… ist intuitiv, gefühlvoll und sensibel,
… besitzt Teamgeist und ein starkes Wir-Bewusstsein,
… ist liebevoll, auch sich selbst gegenüber,
… ist lebensfroh, sympathisch und spontan,
… ist kreativ, fantasievoll und innovationsfähig,
… ist humorvoll und optimistisch,
… ist einfach und natürlich,
… ist selbstbewusst und stets aufmerksam,
… ist gesund,
… ist begeistert und begeisternd,
… ist zielstrebig und mutig,
… ist offen, lernfähig und lernbereit,
… ist beharrlich, gerecht und ausdauernd,
… ist verständnisvoll und charmant,
… beherrscht die Kunst des Genießens,
… ist bescheiden, geistesgegenwärtig und dankbar,
… ist intelligent, fleißig und unternehmungslustig,
… ist zärtlich und gütig,
… hat Ausstrahlung und ist schön,
… ist sportlich, tolerant und motivierend,

- … ist friedliebend, stimmig und glücklich,
- … ist einsichtig und bereit, sich auf das Leben einzulassen,
- … ist bewusst, flexibel und human,
- … ärgert sich nicht mehr,
- … ist bereit, sich von der Freude führen zu lassen,
- … arbeitet nicht, sondern hat Urlaub für immer (was er arbeitet, macht er gerne),
- … ist erfolgreich und umweltbewusst,
- … lässt sich vom Leben begeistern,
- … lebt im Tao.

Eine Raupe, die wirklich leben will, muss zum Schmetterling werden

Das Leben ist eine ewige Premiere.

Wenn ich Krisen im Leben als Chance wahrnehme und sie auch nutze, kann ich »unbeeindruckt« durchs Leben gehen. Dann nämlich wird mein Leben nicht mehr von alten Verhaltensmustern, Erwartungen und Wünschen bestimmt, sondern von meinem wahren Sein. Ich bin dann nicht mehr gut oder schlecht, sondern echt, ehrlich und authentisch.

Ich habe die Krise als Aufforderung verstanden, mich dem Leben, der Liebe und mir selbst zu öffnen. Ich habe Abschied genommen von dem, der ich bis dahin war, um ganz der zu sein, der ich jetzt bin – und ich genieße das Leben so, wie es kommt.

Irgendwann wird die nächste Aufgabe an mich herantreten, und ich werde mich ihr stellen müssen. Auch wenn es eine Herausforderung für mich sein wird – allein ich entscheide, mit welcher Einstellung ich an sie herangehe: Es bleibt mir überlassen, ob ich sie als unerwünschte Schwierigkeit ansehe oder ob ich sie wieder als Chance erkenne. Wenn es mir gelingt, schwierige Situationen oder Leid als ein Geschenk des Lebens an mich zu sehen, dann habe ich gleichzeitig die Möglichkeit, eine neue Ebene des Seins zu erreichen. Eine Ebene, auf der ich mir selbst noch näher bin, auf der die Freude am Leben noch größer ist.

Mit dieser Einstellung macht schon die Chance zum Wandel Freude, und ich nehme die Herausforderung gern an. Mit der Zeit lerne ich auch, die Zeiten der Herausforderungen mehr zu schätzen als die ruhigen Zeiten, die das Leben mir auch immer wieder bietet, denn ich erkenne, dass ich mit jeder gelösten Aufgabe meinem Ziel näher komme. Doch ganz gleich, worin die Aufgabe bestehen mag, das Ziel bin immer *ich selbst*.

Dann erkenne ich auch, dass jeder Augenblick eine Neuwerdung ist, mit allen Risiken und mit allen Chancen. Ich habe den Mut, mich vertrauensvoll hinzugeben und wirklich ja zu sagen zum Leben – zu meinem Leben. Ich erkenne mich als Teil der allumfassenden Ordnung, erkenne, dass auch ich in Ordnung bin so, wie ich bin, und nehme mich in meinem So-sein dankbar an. Ich erkenne, dass das Leben aus einer unendlichen Reihe von ersten Schritten besteht. Was immer geschieht, jede Situation wird neu für mich sein, und was immer ich gerade tue, tue ich zum ersten Mal. Das Leben ist eine ewige Premiere ohne Generalprobe, es ist immer neu und einmalig. Was geschieht, geht immer gut, und ich habe in jedem Augenblick die Wahl: die Wahl, mich für eine neue Ebene des Seins zu entscheiden.

Es ist wie die Verwandlung einer Raupe zum Schmetterling. Sobald die Raupe spürt, dass etwas Neues werden will, verpuppt sie sich, zieht sich zurück in einen Kokon. Jetzt in der Stille geschieht die Transformation – der Schmetterling wird geboren. Aber sobald der Schmetterling geboren ist, kann die Raupe nicht mehr Raupe sein. Sie existiert nicht mehr. Sie wurde zum Schmetterling und hat keine Ahnung vom Fliegen. Sie hat Angst, herunterzufallen, und versucht vielleicht durch die Luft zu kriechen, wie sie das bisher auf der Erde getan hat. Die alten Erfahrungen helfen ihr nicht mehr weiter – sie muss fliegen lernen. In dem Augenblick, in dem sie sich als Schmetterling erkennt und sich mit sich selbst identifiziert, ist es plötzlich ganz einfach. Sie erhebt sich über ihr bisheriges Dasein und lernt das Fliegen zu genießen. Und es kommen neue Herausforderungen auf den Schmetterling zu: neue Risiken, neue Chancen, ein neues Leben – ein Leben auf einer anderen Ebene des Seins.

Der Weg zur Meisterschaft

Den Weg zur Meisterschaft können wir in drei Aufgabenstufen einteilen:
 1. *Aufgabe:* Sich selbst meistern.
 2. *Aufgabe:* Das Leben meistern.
 3. *Aufgabe:* Leben als Meister.

Dies ist jedoch nicht das Ziel – ab jetzt fängt das eigentliche Leben erst richtig an. Bis zu diesem Punkt war alles nur Vorbereitung. Ein Leben im Meisterbewusstsein bedeutet auch das Ende des Leidens, es gibt keine Möglichkeit mehr zu leiden, denn leiden heißt immer nur *nicht einverstanden sein* mit dem, was ist. Wenn ich einverstanden bin, ist das Leid zu Ende.

Die Tatsache, dass Sie dieses Buch in die Hand genommen haben, zeigt eine Sehnsucht in Ihnen oder einen Zweifel, noch nicht weit genug zu sein, einen Wunsch, etwas über das Meister-Bewusstsein zu erfahren, vielleicht eine Bestätigung zu bekommen. Möglicherweise steckt dahinter auch die Vorstellung, noch irgendetwas zu brauchen, ohne zu wissen, was. Es kann aber auch die Hoffnung sein, es zu bekommen und es zu *erkennen*, wenn Sie es gefunden haben.

Fragen Sie sich einmal: *Wer* hat da Hoffnung oder Zweifel? Wollen Sie *den* glücklich machen oder sich selbst? Machen Sie sich bewusst: Was braucht »*Ich bin*«, um *Ich bin* zu sein?

Was müssen Sie tun, um der zu werden, der Sie sind?

Es gibt nichts zu tun, Sie brauchen sich nur zu erinnern: »Ich bin höchstes Bewusstsein. Ich bin ein ungetrennter Teil des einen Bewusstseins.« Wonach könnte ich mich noch sehnen? Wenn die Dinge nicht so sind, wie ich sie haben will, dann leide ich. Und wenn die Dinge so sind, wie ich sie will, ist Leid scheinbar vorbei. Aber es ist immer noch *Ich* da. Erst wenn es mich nicht mehr gibt, bin ich wirklich frei. Was mich leiden lässt, ist immer nur ein Urteil, eine Meinung, eine Ablehnung.

> Meister ist erst, wer das Ego gemeistert hat.
> Wer das Ego gemeistert hat, ist ein Meister.
> *Osho*

Teil 1
Sich selbst meistern

Wie erkenne ich mich selbst?

Mein Selbstbild

Der Weg der Meisterschaft beginnt damit, dass ich mir die richtigen Fragen stelle:
Wer bin ich?
Als wer bin ich hier?
Als wer lebe ich tagtäglich?

Die Antworten darauf könnten lauten: »Ich bin ein guter Mensch, eine starke Persönlichkeit, reines Licht« usw. Aber fragen Sie sich auch:
Als wer fühle ich mich?
Als wer denke, rede, handle ich?

Sobald ich bereit bin, die Wirklichkeit anzuschauen, erkenne ich: Ich bin vollkommenes, ewiges Bewusstsein. Ich bin!
Kann ich mich damit identifizieren?
Welche Konsequenzen ergeben sich daraus?

Auf der Suche nach mir selbst stelle ich fest: Alles, was ich glaube zu sein, bin ich nicht. Es ist nur die Persönlichkeit, die durch die Umwelt geschaffen wurde. Es ist die Summe der Meinungen, Vorurteile, Ansichten, Erwartungen, und es sind die Wünsche der anderen, deren Projektion. Es war meine Entscheidung, das anzunehmen. Aber damit habe ich eigentlich nichts zu tun, das bin ich nicht. Ich habe meine Erkenntnis über mich nur über das Außen erfahren.

So entsteht bei *jedem* ein geringes Selbstwertgefühl. Manche kompensieren, übersteigern das, aber es ist da. Es entsteht, weil mein Gefühl nicht mit der Wirklichkeit übereinstimmt. Hier liegt auch die Ursache für die meisten Krankheiten. Je größer die Differenz zur Wirklichkeit, desto größer ist die dadurch entstehende Disharmonie. Umso stärker ist auch die Aggression, die ich gegen mich selbst richte. Gegen meinen Körper, mein Schicksal, meine Lebensumstände. Denn es ist eigentlich gar nicht *mein* Leben, das ich da lebe.

Eigentlich muss ich gar nicht wissen, wer ich bin, ich *bin* ja. Aber ich sollte kein falsches Bild von mir haben. Ich muss also zunächst diese falsche Identität beenden, mich einfach nur in jedem Augenblick wahrnehmen, dann erkenne ich allmählich, wer ich *wirklich* bin. Dann kann *mein* Leben spontan aus dem Augenblick entstehen.

Als »Ich bin« nehme ich nun einmal ganz bewusst meinen Körper in Besitz. Erkenne ihn als mein Werkzeug. Wie gehe ich mit meinem Werkzeug Körper um, als »Ich selbst«? Was esse ich? Wann esse ich und wie? Wann und wie oft bewege ich meinen Körper? Wie kleide ich meinen Körper? Wie gesund oder heil ist mein Körper? Wie kann ich ihn heilen? Wie kann ich die Vollkommenheit des »Ich bin« in meinem Körper zum Ausdruck bringen und in Erscheinung treten lassen?

Was fange ich mit meiner Zeit, mit meinem Leben an? Führe ich mein Leben wirklich? Wie kann ich mein Leben mit dem »Ich bin« in Einklang bringen?

Selbst – bewusst – sein

Du bist auserwählt, du selbst zu sein!

Es gibt ein unentdecktes Land voller faszinierender Möglichkeiten: *dich selbst*! Die größte Entdeckung, die man in einem Leben machen kann, ist, sich selbst zu entdecken. Doch alles, was wirklich wesentlich ist, ist für das Auge unsichtbar und damit für »Realisten« unerreichbar. Die meisten Menschen sind durch die »Illusion des Ichs« aus der Mitte gefallen, sie sind »ver-rückt«, und das ist zum Normalzustand geworden. Dabei ist alles Wissen und alle Weisheit in uns, auch die Antwort auf alle Fragen. Wir brauchen nur nach innen zu hören. Aber wir leben nicht unsere wahre Identität, sondern haben gelernt, bestimmte Rollen zu spielen. Wir haben gelernt, uns so zu verhalten, dass wir »Erfolg« haben und Anerkennung finden. Wir sind so, wie wir sind, weil die anderen uns so haben wollen, und nennen das Ergebnis auch noch stolz »unsere Persönlichkeit«. Dabei hat das Ganze kaum etwas mit uns zu tun, und tief innen spüren wir auch, dass etwas nicht stimmt, dass wir an uns selbst vorbei leben. Wir vergewaltigen uns ständig selbst und wundern uns, dass wir krank und unglücklich sind. Jede Krankheit, jedes »Un-heil« ist immer nur ein Zeichen, dass wir nicht wir selbst sind. Es wird Zeit, dass wir uns endlich die Achtung, die Aufmerksamkeit und Liebe schenken, die wir verdienen. Denn unsere Lebensumstände sind nur ein Spiegelbild unseres Bewusstseins.

Alles, von dem wir denken, dass es uns ausmacht (unser Wollen, unser Tun und unsere Persönlichkeit), trennt uns nur von uns selbst. Um wieder zur inneren Einheit zu kommen und im Einklang mit sich selbst zu leben, sind drei Schritte zu tun:

1. Die Meisterung des realen Lebens, das Zurechtkommen in der äußeren Welt und das Auskommen mit sich und den anderen.

2. Die Suche nach dem Ursprung unseres wahren Wesens und die Befreiung von allem, was uns davon trennt.

3. Sein, der ich bin. Den Eigenwillen loslassen und nur noch den Schöpfungswillen achtsam durch mich wirken lassen.

»Ich selbst sein« heißt zunächst einmal, mein *So-sein* erkennen und mich annehmen, wie ich bin. Dann aber muss ich mich fragen, wer das ist, der sich annimmt. Ich erkenne dieses wahre Selbst als schöpferisch, allumfassend, allmächtig, allgegenwärtig. Ich gehe in die Identifikation mit dem Selbst und lebe schöpferisch und *eins* mit allem. Ich beende die »Sünde« der Trennung von mir selbst und damit vom Leben und werde so immer authentischer, echter, ehrlicher und damit immer »heiler«.

Im Spiel des Lebens spiele ich immer wieder neue Rollen, bis ich mich selbst gefunden habe. Nicht *mein* Selbst – denn es gibt nur *das* Selbst, das als Ich in Erscheinung tritt. Irgendwann muss ich das Ich loslassen, denn es ist eine Illusion, und in der Erleuchtung ist kein Platz für Illusionen. Versuchen wir nicht länger, unser Ich zu erlösen, sondern lösen wir uns vom Ich, dann sind wir wirklich erlöst.

Du kannst alles erreichen im Leben, kannst reich, mächtig, angesehen sein und beneidet werden. Hast du jedoch dich selbst versäumt, so hast du nichts erreicht.

Geben wir uns eine Chance, wirklich zu leben! Erinnern wir uns wieder daran, wer wir wirklich sind und worum es wirklich geht in diesem Leben. Es geht darum, »ich selbst« zu sein, diese innere Weisheit zu leben und mit dieser erwachten Weisheit zurückzukehren in meinen »All-Tag«, um sie auch dort zu leben, um so auch anderen zur Chance zu werden. Wir leben, um uns selbst zu finden, um wir selbst zu sein und um schließlich anderen helfen zu können, ebenfalls zu sich zu finden. Das ist der Sinn unseres Daseins, unsere Verpflichtung gegenüber uns selbst und dem Leben.

Irgendwann frage ich nicht mehr, dann bin ich einfach, dann geschieht Leben ungehindert durch mich. Und du bestimmst, wann »irgendwann« ist, zum Beispiel *jetzt*! In diesem Augenblick, denn Leben findet nur *jetzt* statt, und du wirst diesen Weg nicht noch einmal gehen können.

> Wenn du dich selbst findest,
> findest du dein Zuhause in der ganzen Existenz.
> Ich weiß nicht, wohin mich das Leben trägt,
> aber ich werde immer da zu Hause sein, wo es mich
> hinträgt. Und das kann mir niemand nehmen.
> *Osho*

An den Meister in dir

Für alle Maschinen und Instrumente werden Gebrauchsanweisungen und Bedienungsanleitungen mitgeliefert, die vor Inbetriebnahme gründlich studiert werden sollten, um Fehlbedienungen und Schwierigkeiten zu vermeiden. Nur für so etwas Komplexes wie das Leben gibt es keine Gebrauchsanweisung. Und so denken die meisten Menschen, dass man die Dinge eben so nehmen müsse, wie sie nun einmal sind, ganz gleich, wie zufrieden stellend das sein mag. Wir sind jedoch aufgerufen, unsere Fähigkeiten nicht nur optimal zu nutzen, sondern sie auch weiterzuentwickeln.

Wenn wir geisteskrank sind, kommen wir in eine Anstalt. Sind wir kriminell, kommen wir ins Gefängnis. Sind wir »normal«, gehen wir zur Schule, in die Lehre oder auf die Universität. Außerdem gibt es unzählige Berufsförderungs- und Umschulungsprogramme. Aber wenn wir spirituell erwachen, hilft uns die Gesellschaft nicht weiter. Dann müssen wir selbst unsere Weiterbildung in die Hand nehmen. Was fehlt, ist eine Gebrauchsanweisung für ein spirituelles Leben. Niemand kennt Ihre Bedürfnisse, Ihre Vergangenheit und Ihre Lebensziele besser als Sie. Wohl kaum jemand ist mehr an Ihrem Wohl interessiert als Sie selbst. Sie sind sich selbst anvertraut – sorgen Sie dafür, dass Sie bei sich selbst in guten Händen sind. Machen Sie sich einmal bewusst, wer oder was die Hauptrolle in Ihrem Leben spielt: Erfolg, Anerkennung, Ihr Partner, Geld, Besitz, Liebe oder Sie selbst? Was ist Ihr Wunschtraum und wann wollen Sie ihn verwirklichen? Sind Sie bereit, jetzt damit zu beginnen? Wenn Sie bereit sind, ich meine, wenn Sie *wirklich bereit* sind, den entscheidenden Sprung vorwärts zu tun, dann ist dies Ihre Chance.

Es gibt Menschen, die, ganz gleich, welche scheinbare Herausforderung sie gerade zu bestehen haben, ruhig und gelassen bleiben. Scheinbar kann nichts ihren inneren Frieden stören, und wir fragen uns vielleicht, wie sie das wohl machen. Andere geraten bei der geringsten Veränderung ihrer täglichen Gewohnheiten bereits aus dem Häuschen. Wieder andere sind ständig ängstlich und voller Sorgen, ganz gleich, wie geordnet und sicher ihr Leben auch sein mag.

Wie ist das bei Ihnen? Leben Sie aus Ihrer Mitte heraus und erleben Sie das Leben als Berufung und als individuellen Einweihungsweg? Nutzen Sie dabei alles auf dem Weg als Lehrer und Helfer?

Der geistige Zustand unserer wahren Natur ist »gelassene Achtsamkeit«. Wann immer Sie nicht in dieser gelassenen Achtsamkeit sind, sind Sie nicht im Einklang mit Ihrem wahren Wesen und sind damit aufgefordert, wieder zurückzukehren zu sich selbst. Meister Eckhart sagt: »Es ist die Kraft in der Seele, die weder Zeit noch Fleisch berührt. Sie fließt aus dem Geist, bleibt im Geist und ist ganz und gar Geist. Dieser Geist ist seinem Wesen nach frei: Er ist das Licht, der göttliche Funke im Innersten – Bürge und Zeuge der Ewigkeit des Menschenwesens.« Wer aus diesem Geist lebt, weitet sein Ich zum Selbst und sein Leben zur Ewigkeit. Wahre Religion ist der Weg zurück zur Quelle, zum Ursprung, zur Vollkommenheit des wahren Seins – zur Einheit.

Die Wissenschaft vom Selbst

Die Wissenschaft, die das Selbst zum Gegenstand hat, ist die höchste aller Wissenschaften, die einzige, die sich mit der Wirklichkeit befasst und nicht nur mit der Illusion der Erscheinungen. Die einzige Wissenschaft, durch die wir den Sinn, die wahre Bedeutung und den Wert des Lebens erkennen können und zu wirklicher

Lebensfreude finden. Alle anderen Wissenschaften befassen sich mit Wirkungen, aber nicht mit Wirklichkeit.

Die äußeren Wissenschaften verstärken die Illusion der Identifikation mit unserem physischen Körper und unserem begrenzten Verstand. Durch diese Einschränkung erfahren wir auch eine Einschränkung in unseren Möglichkeiten. So entstehen die Illusion des Ichs und die Erfahrung der Trennung, eine weitere Illusion. Sobald wir aber Illusionen als Tatsachen ansehen, trennen wir uns von der Wirklichkeit.

Die erste Voraussetzung zur Rückkehr in die Wirklichkeit ist das Erkennen unserer wahren Identität und die Identifikation mit uns selbst. Diese Selbst-Identifikation erlöst uns von der Begrenzung durch unseren Verstand, den wir als ein Werkzeug erkennen. Er ist ein guter Diener, aber ein miserabler Herr. Herr im Haus, in unserem Sein, ist das unendliche Bewusstsein des »*Ich bin*«.

Ein weiterer Schritt auf dem Weg zu sich selbst ist, Gedankenstille herzustellen. Das geschieht, indem ich zuerst lerne, die Vielfalt meiner Gedanken auf einen Gedanken zu konzentrieren und diesen einen Gedanken dann loszulassen. Dann geschieht »Nichtdenken«, und dieses Nichtdenken öffnet die Tür zum Selbst. Wir sollten daraus jedoch nicht einen Weg, eine Methode oder Technik machen. So kann man zu Bewusstseins-Inhalten kommen, nicht aber zu Bewusstsein, zu sich selbst. Besser ist es, zunächst bis an die Grenzen des Wissens zu gehen und dann das Wissen zu überschreiten, durch Wahrnehmen und Sein.

Denken, Lesen und Fragen führen zu Wissen – Sein führt zum Erkennen. Höre auf zu suchen und fange an zu *sein*. Wer die Weisheit in sich findet, findet auch die Antwort auf seine Fragen.

Stille ist deine Realität.
Höre auf zu denken, sei still, sei ruhig!
Kümmere dich nicht um die Welt.
Du hast absolut nichts mit dieser Welt zu tun.
Osho

Gehen Sie in die Wahrnehmung

Wir brauchen keine Meinungen, denn eine Meinung führt nur zu einem Standpunkt, und dieser führt immer nur zu Konfrontationen. Auf Meinungen folgen Diskussionen, bis man endlich zu einem gemeinsamen Standpunkt gefunden hat. Später stellt sich vielleicht sogar heraus, dass dieser Standpunkt doch nicht der richtige ist. Also wäre es das Beste, wir bilden uns nie wieder eine Meinung. Treten wir einfach ein in die Wahrnehmung und nehmen wahr, wie es ist.

Erstaunlicherweise nehmen zwei Menschen, die gleichzeitig wahrnehmen, das Gleiche wahr, somit gibt es auch keine Diskussionen. Sie sehen einfach beide das, was *ist*.

Denken ist entbehrlich. Manchmal ist es sogar der Hauptstörfaktor. Ich bezeichne Denken meist als ein Zeichen mangelnder Intelligenz, denn es zeigt nur, dass ich noch nichts Besseres gefunden habe. Denn sobald ich wahrnehme, habe ich keine Verwendung mehr für Denken. Denken führt einen immer aus dem Jetzt – man muss *nach*denken. Man denkt auch über die Zukunft nach. In dem Moment, wo Sie denken, sind Sie zwangsläufig nicht im Jetzt. Die meisten Menschen denken ständig und leben dadurch gar nicht wirklich, denn sie sind nie dort, wo Leben wirklich stattfindet, sondern sie sind in Gedanken.

Wenn Sie möchten, probieren Sie es vielleicht gerade einmal kurz aus. Legen Sie das Buch für einen Moment aus der Hand und gehen Sie ganz bewusst in die Gedankenstille. Öffnen Sie die Augen des Bewusstseins und nehmen Sie wahr, was ist. Dann brauchen Sie nicht mehr zu denken, Sie brauchen keine Meinung, Sie haben keinen Standpunkt mehr, es gibt keine Diskussion. Sie nehmen einfach wahr und wissen.

Die meisten Bücher und Seminare vermitteln Informationen, Erkenntnisse, Erfahrungen und bleiben dabei auf der Persönlichkeitsebene. Dieses Buch hier ist ein Buch für »Götter« – lesen Sie es nur in Begleitung Ihres Seins. Dieses Buch ist der Versuch, im Ungesagten das Unsagbare zu sagen. Und das geht nicht alleine mit dem Verstand. Das ist wie im Konzert. Dort analysieren Sie ja auch nicht, Sie denken nicht darüber nach, ob das Orchester vollständig ist, ob die Musiker gut spielen, sondern Sie lassen einfach los und genießen das Spiel. Sie sind eine Stunde oder zwei vollkommen konzentriert und gehen hinterher erholt aus dem Konzert. Wenn Sie jedoch das tun, was wir normalerweise Konzentration nennen – diesen Krampf, die Gedanken zu zwingen, bei einer Sache zu bleiben –, dann sind Sie in kürzester Zeit angestrengt. Die Chance wäre hier: umzuschalten auf eine Art »Musikhörbewusstsein«. Das heißt, Sie brauchen keine Informationen zu sammeln, denn eine Information ist eine energetische Wirkungseinheit. Nehmen Sie einfach wahr und spüren Sie: »Was macht diese Information mit mir?« Wenn das Leben eine Information wiederholt, dann hat das übrigens seinen Grund. Fragen Sie sich dann, weshalb das geschieht.

Ich bin reines Gewahrsein.
Ich bin göttliche Liebe, und das ist alles, was ist.
Aischa Raja Adonay

Die Wahrnehmung –
Erkennen außerhalb des Denkens

Den Verstand überschreiten,
um zur Wirklichkeit zu gelangen.

Die meisten Menschen haben Interesse an neuen Erkenntnissen, aufregenden, außergewöhnlichen Erfahrungen, aber nicht daran, zu Wahrheit und Wirklichkeit zu erwachen. Und so suchen sie immer wieder nach neuen Erklärungen, um zu sich selbst zu finden.

Erst wenn Sie zurückgekehrt sind, erkennen Sie, dass Sie nie weg waren. Sie kommen nirgendwoher und Sie gehen nirgendwohin – Sie *sind*. Und es gibt nichts zu tun, nur zu *sein*.

Die Suche nach uns selbst wird nur möglich, weil der Verstand Sie vergessen lässt, dass Sie längst gefunden haben. Selbst der Gedanke »Ich hab's« ist eine Falle, denn er führt zurück in den Verstand. Wann immer Sie etwas verstehen, sind Sie im Verstand und damit in der Falle des Denkens. Erst das Erkennen außerhalb des Denkens führt in die Wirklichkeit des Seins. Dabei zählt nur die eigene Erfahrung.

»Sei still und wisse, dass ich *bin*!« – Das kann man nicht werden, sondern nur sein. Und wenn Sie bereit sind, geschieht es jetzt.

»Zu Hause« ist nicht in der Vergangenheit noch in der Zukunft oder in der Gegenwart, es ist nicht außen, noch ist es innen. Es ist *hier,* und Sie sind *hier* und damit zu Hause. Das kann weder gewusst noch geglaubt, sondern nur erfahren werden.

Mit dem sein, was ist, heißt nicht, mit dem sein, was gerade geschieht. Es heißt auch nicht, dass man sein Bewusstsein auf das, was gerade geschieht, richten soll, sondern auf das, was man wahrnimmt. Es geht um die Wahrnehmung der Wahrnehmung. Beobachten schafft einen Beobachter, etwas Beobachtetes und den Vorgang des Beobachtens. Wahrnehmung geschieht im Einen, was ist.

Nichts, was man mit dem Denken erfassen könnte, ist von irgendeiner Bedeutung. Solange Sie sich mit Gedanken und Gefühlen beschäftigen, sind Sie nicht bei dem, was ist. Im Denken gibt es Verstehen, aber kein Erkennen. Das Denken kann nicht das Denken überschreiten. Immer wieder »geschieht« die direkte Erfahrung der Wirklichkeit, aber sobald ich darüber nachdenke, habe ich sie gerade wieder verlassen.

Die wichtigste Entscheidung ist nicht, noch mehr zu lernen, sondern sein Handeln nach dem zu richten, was ich bereits gelernt und als richtig erkannt habe. Alles Wissen, das nicht zu Konsequenzen führt, ist unnützer Ballast.

Die Illusion des Ichs

Jede Ausbildung, jedes Training, jede Therapie, Beratung, Heilung und Entwicklung befasst sich mit dem »Ich«. Da sollten wir doch einmal fragen, wer das eigentlich ist – mein »Ich«? Wen meine ich, wenn ich sage »ich«? Wer handelt, wenn »ich« etwas tue? Und für wen tue ich, was ich tue? Gibt es mich eigentlich und woher will ich das wissen?

Wer ernsthaft in sich geht, muss damit rechnen, dass er niemanden vorfindet.

Sie sehen, Sie hören, riechen, fühlen und schmecken, aber haben Sie den, der da sieht, schon einmal gesehen? Oder den, der da hört, schon gehört? *Wo* ist der, der da sieht, hört, fühlt? Wenn es dieses Ich gar nicht gibt, wer hat da Probleme im Leben? Wer ist eitel, machthungrig oder ängstlich? Oder hat Spaß am Leben? Und wer fährt da eigentlich morgens zur Arbeit, heiratet, hat Kinder? Was, wenn es dieses Ich gar nicht gäbe?

Sobald wir erkannt haben, dass dieses Ich gar nicht existiert, dass es nur ein im wahrsten Sinne des Wortes »eingebildetes Zentrum« ist, sind wir frei. Frei von all den Schwierigkeiten, die aus diesem Ich resultieren. Alle Ihre Lebensprobleme kommen aus diesem Ich – aber da ist keiner. Sobald Sie aus der »Illusion des Ichs« heraustreten, können Sie noch einmal ganz von vorn anfangen, ohne jede Belastung, ohne Vergangenheit, und alle Möglichkeiten liegen vor Ihnen und warten darauf, wie Sie sich entscheiden. Natürlich können Sie sich entscheiden, sich ein neues Ich zu schaffen, eines, das wirklich zu Ihnen passt. Sie könnten aber auch die »Selbstumklammerung des Ichs« auflösen und als Sie selbst leben, als der, der Sie wirklich sind. Dann erkennen Sie: Sie sind die unbewegte Mitte des Universums. Alles dreht sich um *Sie*.

Nur ein Ich kann Leid erfahren

Im Laufe des Lebens haben wir schon öfters Leid erfahren. Wir leiden, wenn wir von einem geliebten Menschen getrennt sind, wir erfahren Leid durch Ängste, Einsamkeit, Ablehnung, Streit, Krankheit, Rivalität, Machtkämpfe, Depression, Verletzungen, Schuldgefühle oder durch schwierige Zeiten in der Partnerschaft, in der Sexualität oder in unserer Familie. Aber wer leidet da, wenn ich leide?

Meist stellen wir fest, dass wir ins Ich gerutscht sind – für eine Zeit vergessen haben, wer wir sind. Es ist die Trennung von uns selbst, die uns Leid so schmerzhaft erscheinen lässt.

> Wir leben hier den sterblichen Traum.
> Steige aus deinem Drama aus.
> Nur das Ego verursacht Trennung.
> *Osho*

Identifikation mit dem Selbst – und Probleme lösen sich auf

Sobald wir in die Identifikation mit uns selbst zurückkehren, verschwinden alle Probleme, alle Wünsche, alle Ziele, alle Fragen. Was bleibt, ist das *Eine: Ich bin*.

Die Probleme lösen sich nicht auf, weil sich die Situation plötzlich verändert, sondern durch Ihr So-sein. Das Problem ist nämlich plötzlich kein Problem mehr, sondern es ist einfach nur noch eine Situation, vielleicht eine Aufgabe oder etwas, was geändert werden könnte. Das *Pro*blem ist für Sie da (*pro* = für); es wird zu einem Hinweis oder einem Geschenk. Es macht Sie aufmerksam auf einen möglichen Schritt.

Das andere, was verschwindet, sind Wünsche. Ich lebe schon viele Jahre wunschlos und kann das nur empfehlen. In einem Wunsch steckt nämlich immer der Mangel (ich hätte gerne irgendetwas und bin nicht zufrieden mit dem, was ist; ich hätte es gerne anders). Gerade dadurch verursache ich Mangel, und deswegen können Wünsche nicht in Erfüllung gehen. Erst wenn Sie aus dem Wunsch eine Absicht machen, geschieht es plötzlich. In der Absicht ist die Erfüllung enthalten, im Wunsch der Mangel. Also lassen Sie Ihre Wünsche los – und wenn Ihnen etwas wichtig ist, machen Sie daraus eine Absicht.

> Was wahrhaft ist, bleibt wirklich stets,
> und was nicht wirklich ist,
> kann nie die Wahrheit sein.
> Doch zwischen Sein und Schein zu unterscheiden,
> das vermag die Weisheit dessen,
> der die Wahrheit kennt.
> *Bhagavad Gita*

Richten Sie Ihre Aufmerksamkeit auf den gewünschten Endzustand

Bevor wir auf diese Welt gekommen sind, haben wir dafür gesorgt, dass wir alles bekommen, was wir wollen, wenn wir nur unsere Aufmerksamkeit darauf richten. Auf dem Weg zu uns selbst haben wir uns nur aus den Augen verloren. Wir haben vergessen, wie einfach wir vom Leben alles haben können. Die meisten Menschen missbrauchen ihre Schöpferkraft, indem sie ihre Aufmerksamkeit auf Probleme und Schwierigkeiten richten. Überlegen Sie doch nur einmal, womit wir uns die meiste Zeit befassen. Der Verstand gibt uns natürlich immer noch eine logische Begründung dafür: »Hier ist etwas nicht in Ordnung, da muss ich mich drum kümmern.« Aber er kümmert sich dann darum, indem er seine Aufmerksamkeit auf das Problem richtet. Dadurch fließt die Schöpferkraft aufs Problem und schafft damit dauernd noch neue Probleme. Manche Menschen machen das so gründlich, dass ihr Leben unerträglich wird.

Das sollten Sie unbedingt – sofort – ändern: Lassen Sie nie wieder Ihre Aufmerksamkeit länger als zwei bis drei Sekunden auf einem Problem, einer Schwierigkeit, einer unerwünschten Situation. Das heißt nicht, dass Sie es ignorieren sollen – im Gegenteil, denn es enthält eine ganz wichtige Botschaft. Vielmehr ziehen Sie die Aufmerksamkeit sofort von dem Problem ab und richten sie auf die Lösung: »Danke, Problem, *das hätte ich jetzt gerne so…!*« Richten Sie jetzt Ihre Aufmerksamkeit nur noch auf eine Lösung, den erwünschten Endzustand, auf die Erfüllung. Die wird Ihr ganzes Leben verzaubern; Sie erreichen somit ganz mühelos, was sein soll.

> Alles ist möglich,
> wenn ihr euer Sinnen
> und Trachten auf das Licht gerichtet haltet.
> *Aischa Raja Adonay*

Lassen Sie los – und machen Sie sich auf den Weg!

»*Ich bin*« ist der Weg zur Meisterschaft. »*Ich bin*« ist die Erkenntnis meines wahren Seins. Es ist nicht nur das höhere Ziel, sondern auch der sichere Weg, Meister seines Lebens zu sein. »*Ich bin*« holt auch jeden gerade dort ab, wo er ist, und zeigt Ihnen zuverlässig die Schritte, die jetzt zu gehen sind, die jetzt stimmen, die jetzt möglich sind. »*Ich bin*« führt immer über das Loslassen zur Vollkommenheit. Das heißt, *bevor Sie in das neue Leben eintreten, müssen Sie das alte loslassen.*

Überlegen Sie gleich einmal etwas, was nicht mehr in Ihr Leben gehört, was Sie jetzt gleich loslassen möchten. Loslassen ist genauso einfach wie die gerichtete Aufmerksamkeit. Ich ziehe meine Aufmerksamkeit ab von dem, was ich loslassen möchte, und richte dann meine Aufmerksamkeit auf das, was ich annehmen oder sein möchte. Denn wenn ich etwas Unerwünschtes noch halte, dann kann das Erwünschte nicht in Erscheinung treten. Somit ist Loslassen wieder ein vollkommener Weg zur Vollkommenheit. Sie lassen einfach eins nach dem anderen los, was für Sie nicht mehr stimmt oder was für Sie unwesentlich geworden ist. Wenn Sie das letzte Unwesentliche losgelassen haben, sind Sie am Ziel.

Loslassen als Weg zur Vollkommenheit

Der Weg zur Vollkommenheit und damit zu unserem wahren Sein ist daher immer ein Weg des Loslassens der Identifikationen und Begrenzungen. Das wahre Sein muss nicht erarbeitet, »ermeditiert« oder geschaffen werden. Es ist. Es genügt jedoch nicht, mich von den Dingen abzuwenden, gleichzeitig aber im Traum zu bleiben. Es geht nicht um ein besseres Tun, sondern um ein Erinnern an unser wahres Sein. Solange ich noch von Anerkennung, Macht, Erfolg, Besitz oder Schlankheit träume, habe ich nicht wirklich losgelassen. Ich kann nicht von München nach Hamburg gelangen, solange ich in Frankfurt bin. Ich muss also erst die Voraussetzungen schaffen, bevor etwas geschehen kann, und der erste Schritt dazu ist, zu akzeptieren, dass ich derzeit in Frankfurt bin. Erst dadurch kann ich mich auf den Weg nach München machen.

Annehmen, was ist, ist das Tor zur Veränderung, und vor dem Annehmen steht die bewusste Entscheidung.

Dies braucht keine Zeit oder Entwicklung, sondern kann sofort – in jedem Augenblick – geschehen.

Alles, was ich loslassen kann, gehört zum Unvollkommenen. Was bleibt, ist die natürliche Vollkommenheit des Seins. Damit wird auch auf natürlichem Weg alles Karma aufgelöst, denn der, der dieses Karma geschaffen hat, bin ich nicht mehr.

Begegnung mit der Dualität

Mit unserer Entscheidung zu einer Inkarnation treten wir ein in die Begegnung mit der Dualität: mit Leben und Tod. Mit unserer Zeugung beginnt die Freiheit unserer Wahl, aber auch der Zwang, wählen zu müssen, und zwar ständig. Denn in der Dualität beinhaltet jedes auch immer das Gegenteil. Die Freiheit der Wahl beinhaltet den Zwang, wählen zu müssen. Sie können gar nicht *nicht* wählen, denn selbst wenn Sie nicht wählen, ist es eine Wahl, und Sie tragen die Folgen des Nicht-Wählens.

Licht atmen

Im Augenblick der Geburt beginnt die Eigenverantwortung mit dem ersten Atemzug. Mit einem erwachten Bewusstsein bin ich bereit für die geistige Geburt.

Dann erkenne ich, dass ich die Wahl habe, Licht zu atmen.

Probieren Sie das doch einfach gerade mal aus: Atmen Sie so weiter wie bisher, nur atmen Sie einfach statt Luft Licht ein. Denn so wie die Luft überall ist, so ist Licht überall. Also atmen Sie einmal ganz bewusst Licht.

Mit diesem ersten Licht-Atemzug beginnt unser Lichtkörper zu leben und sich zu entfalten.

Auch hier gibt es drei Phasen:
1. Erst atme ich *in* meinen Lichtkörper,
2. dann atme ich *mit* meinem Lichtkörper,
3. letztlich atme ich *als* mein Lichtkörper.

Wenn ich das beibehalte, habe ich damit ganz unmerklich ein neues Leben begonnen. Ich trete ein in den Augenblick und werde immer wesentlicher.

Leben in der Geistes-Gegenwart

Erster Schritt: Ich mache mir bewusst, wer ich wirklich bin: Geist und reines Bewusstsein. Jede andere Identifikation ist Illusion.

Zweiter Schritt: Ich erkenne, dass ich nur in der Gegenwart leben kann, nicht vorher, nicht nachher, sondern nur *jetzt*. Ich bin als vollkommener Ausdruck und ungetrennter Teil des einen Geistes gegenwärtig. Gegenwärtig heißt präsent, wirklich da, hier und jetzt. Vollkommen da und vollkommen.

Dritter Schritt: Ich stelle mir vor: Alles ist Energie, und es gibt nur diese eine Energie, die durch Schwingungsveränderung unterschiedliche Formen annimmt. Auch ich bin diese Energie, also bin ich das *Eine*. Alles andere ist Illusion, ich bin der Geist. Ich spüre und erlebe mich als der Geist. Mein Körper ist *in* dem Geist. Ich erlebe die Individualität des einen Geistes als Ich, erlebe meine individuelle Art, dieser eine Geist zu sein. Ich mache mir einmal diesen Geist bewusst und beschreibe ihn. Um ihn zu beschreiben, muss ich ihn wahrnehmen und komme so automatisch ins Jetzt und in die Wahrnehmung. Ich lasse auch den Beobachter los und erkenne, dass ich der beobachtete Geist bin.

Jetzt *lebe* ich in der Geistes-Gegenwart. Erlebe, was ich – Geist – denke, fühle, rede, tue. Erlebe absolute Freiheit. Ich bin der eine, gegenwärtige Geist.

Hilfsmittel, noch besser in den Zustand der Geistes-Gegenwart zu kommen, sind Meditation, Fasten, der Ton eines Gongs usw.

Leben im Jetzt

Der Weg ins Jetzt besteht aus drei Schritten:
1. Nicht mehr denken.
2. In die Wahrnehmung eintreten und in der Wahrnehmung leben.
3. Sich selbst und dem, was jetzt ist, folgen.

Ganz gleich, welcher Lehre, Philosophie ich bisher gefolgt bin, ganz gleich was ich falsch gemacht habe oder woher ich komme, entscheidend ist nur, wohin ich jetzt gehe. Wo immer ich auch gerade stehen mag, der Weg ins Jetzt besteht immer aus den gleichen drei Schritten.

Wann immer ich denke, bin ich in der Vergangenheit. Auch wenn ich über die Zukunft nachdenke, bin ich in Wirklichkeit in der Vergangenheit, denn ich komme gar nicht bis in die Zukunft, sondern nur bis ins Jetzt. Dort und nur dort findet Leben statt. Vergangenheit und Zukunft sind Illusionen. Solange ich also denke, bin ich nicht im Leben.

Es kann aber gut sein, dass ich zunächst zurückgehen muss, um eventuelle Probleme aufzulösen, um daraufhin loslassen zu können und frei zu sein für das Jetzt.

Den Tag beginnen als »Ich selbst«

Wenn du nicht sicher bist, ob du im Selbst bist, kannst du sicher sein, dass du es nicht bist!

Jeden Morgen gleich nach dem Aufwachen richte ich mein Bewusstsein auf die Vollkommenheit meines wahren Seins und beginne den Tag als »Ich selbst«. Damit schaffe und erlebe ich mein wahres Leben. Ich bin Schöpfer und kann die Dinge lenken, wie ich sie haben möchte. Jeder Mangel oder jedes Leid, welches mir zustößt, zeigt mir nur, dass ich etwas falsch gemacht habe, dass ich unbewusst in eine Identifikation geraten bin. Alle Lebensumstände, in denen wir uns dann befinden (Unheil, Mangel, Leid, Krankheit, usw.), schicken immer nur eine Botschaft und fragen uns damit: »Willst du das wirklich so?«

Wenn ja, dann okay. Wenn nein – Sie sind der Schöpfer. Gestalten Sie Ihre Umstände so, wie Sie sie haben möchten!

Was wünschen Sie sich? Wie möchten Sie leben?

Halten Sie Ihr Bewusstsein auf diese Frage gerichtet, dann erleben Sie es. Ihre Schöpferkraft fließt zu dem, worauf Sie Ihr Bewusstsein gerichtet halten, und es tritt als Realität in Erscheinung.

Ich bin dein Anfang, dein Leben und dein Ziel.
Ich bin der Ewige, der immer für dich da ist,
der dich niemals enttäuscht,
der niemals von deiner Seite weicht.
Ein Mensch, ein Gebet, ein Gott, eine Liebe.
Sai Baba

Teil 2
Das Leben meistern

Ego-Spiele erkennen und beenden

Viele Menschen, die glauben, auf dem geistigen Weg zu sein, fangen an, an sich zu arbeiten, um »vorwärts« zu kommen – wo immer das auch sein mag. Sie legen sich neue, spirituelle Gewohnheiten zu, kämpfen gegen den Schatten in sich und das Böse überhaupt und leben scheinbar ein tugendhaftes Leben. Sie bereinigen ihr ganzes Leben, ja sogar frühere Inkarnationen, verändern vielleicht sogar ihre ganze Persönlichkeit, ohne sich bewusst zu sein, dass dies alles nur auf der Ego-Ebene stattfindet.

Ein wichtiger Schritt auf dem Weg könnte sein, diese »mentale Selbstbefriedigung« zu beenden und uns nicht mehr vorzumachen, dass wir schon weit gekommen sind. Auf dem Weg der Entdeckung unserer Meisterschaft gibt es nur eine Reihe von ersten Schritten zu tun. Dabei gilt es auch zu erkennen, dass auf dem Weg zu sich selbst Wissen nur ein Trostpreis ist. Wenn Wissen nicht zur Erkenntnis geworden ist, vergeht es mit der Persönlichkeit.

In Gesellschaft sprechen wir nur noch über spirituelle Themen, weil uns alles andere, alles »Niedere«, nur langweilt. Wir essen nur noch vegetarisch, und bei dem Gedanken, dass wir früher so barbarisch waren und Fleisch gegessen haben, oder wenn wir an einer Metzgerei vorbeikommen, dreht sich uns fast der Magen um. Wir bewegen uns gemessen, ruhig und ohne

Hast und sind freundlich zu jedermann, sodass jeder erkennen kann, wie weit wir schon fortgeschritten sind. Solange wir aber nur unser äußeres Verhalten ändern, leben wir kein besseres Leben, sondern nur ein anderes. Auch wenn wir das Licht in uns erleben und emotional »high« sind oder in höheren Sphären schweben – dies ist alles kein Zeichen von Fortschritt. Es sind Ego-Spiele, und das Ego mag sich einbilden, nun ein spirituelles Ego zu sein, aber es bleibt ein Ego.

Worauf es wirklich ankommt, ist, die Wirklichkeit zu erkennen, und das geht nur mit einem immer klarer werdenden Bewusstsein. Dabei ist der Verstand manchmal nur hinderlich, denn solange ich noch verstehen will, versuche ich die Unendlichkeit der Schöpfung durch das Nadelöhr meines Verstandes zu zwängen, sie zu begrenzen und zu einem Objekt zu machen.

Nur scheinbar wertvolle Eigenschaften: die Schein-Tugenden

Verstehen
Versuchen Sie nicht mehr, alles zu verstehen, denn damit bleiben Sie im Verstand; aber haben Sie Verständnis für alles und jeden. Das Ganze ist ein Spiel, und jeder Schritt ist richtig, also ärgern Sie sich nicht mehr und genießen Sie das Spiel, denn Sie werden diesen Weg kein zweites Mal gehen.

Toleranz
Toleranz zeigt, dass Sie den anderen zuvor verurteilt haben. Hören Sie auf zu urteilen, und Toleranz hat keine Bedeutung mehr, keine Funktion, weil es keine Situation mehr gibt, in der Sie sie anwenden könnten. Toleranz ist eine Scheintugend.

Kompromissbereitschaft
Einen Kompromiss zu machen bedeutet, dass keiner bekommt, was er will, und es für beide Seiten nicht stimmt. Wenn beide das Richtige tun, stimmt es für alle Beteiligten, und es braucht keinen Kompromiss mehr. Machen Sie daher nie mehr im Leben Kompromisse, sondern leben Sie »stimmig«, aber erwarten Sie keine Zustimmung.

Bescheidenheit
In der Bibel heißt es: »Ihr sollt euer Licht nicht unter den Scheffel stellen.« Erkennen und leben Sie Ihre eigene Größe, aber erkennen und achten Sie auch die Größe eines jeden anderen. Keiner ist größer und keiner ist kleiner, wir alle sind eins. Wenn Sie in diesem Bewusstsein leben, vermeiden Sie auch eine andere Falle, den Stolz. Denn worauf sollten Sie stolz sein? Wahre Bescheidenheit steht zur eigenen Größe, aber achtet auch die Größe der anderen.

Selbstverwirklichung
Das Selbst, unser wahres Sein, ist längst verwirklicht, was also wollen Sie verwirklichen? Glauben Sie, dass

ein »Ich« das Selbst verwirklichen kann? Erkennen Sie, dass Sie seit jeher am Ziel sind, und genießen Sie das Spiel – leben Sie im angekommenen Sein!

Selbstlosigkeit
Genau das sollten Sie sich nie mehr antun, sondern vielmehr in der wahren Selbst-Identifikation leben, als der, der Sie wirklich sind. Seien Sie sich Ihrer selbst bewusst. Noch nie hat jemand etwas Selbstloses getan, denn immer hatte er selbst einen Grund dazu und tat es so für sich selbst.

Wahre Tugenden dagegen sind zum Beispiel…

… zur Einsicht kommen und

a. erkennen, was einem gesagt wird
Zeichen verstehen; die Botschaft des Körpers verstehen und befolgen; die Sprache der Lebensumstände verstehen und befolgen.

b. in die Dinge hineinschauen
Die Wirklichkeit hinter dem Schein erkennen. Alles ist eins.

c. alles als der Eine sehen
Nicht mehr nur die Wirklichkeit hinter dem Schein erkennen, sondern als der Eine auf die Dinge schauen.

Und außerdem:

… zu erkennen, dass die Realität nur das Bewusstsein widerspiegelt.

… zu Bewusstsein zu kommen.

… stimmig zu leben und im Einklang mit dem Ganzen zu sein.

… ständig in der Kraft zu sein.

… in der Intuition – und aus der Intuition heraus zu leben.

… Heilung geschehen zu lassen (für sich, für andere, für die Welt).

… die Ästhetik des eigenen Handelns zu praktizieren.

… Verantwortung zu übernehmen und der Verantwortung gerecht zu werden.

… heitere Gelassenheit.

… Liebe.

… Weisheit.

… un-verschämt zu leben.

… individuell zu leben, also ungetrennt – ungeteilt – eins.

… Dankbarkeit als Lebenshaltung und Philosophie (nicht für irgendjemanden oder irgendetwas, sondern als Grundeinstellung).

Wesentlich leben

*Wer alles Unwesentliche loslässt,
hat unendlich viel Zeit.*

Auch *wesentlich leben* ist eine Möglichkeit, unser Leben zu ändern. Ziehen Sie einfach Ihre Aufmerksamkeit ab von den unwesentlichen Dingen in Ihrem Leben und richten Sie Ihr Bewusstsein auf das für Sie Wesentliche.

Machen Sie dazu eine kleine Übung: Nehmen Sie sich ein bis zwei Tage Zeit und prüfen Sie einmal, wie viele Stunden und Minuten Sie täglich mit Wesentlichem und wie viele Sie mit Unwesentlichem verbringen. Nehmen Sie sich einfach ein Blatt Papier und notieren Sie ganz für sich die ungefähre Zeit, die Sie dafür aufbringen.

Wie auch immer das Verhältnis ausfallen mag: Beantworten Sie für sich anschließend folgende Fragen: Warum befassen Sie sich mit Unwesentlichem? Wenn auf Ihrem Zettel steht, Sie müssen Geld verdienen: Müssen Sie wirklich?

Lösen Sie sich einmal von der Vorstellung, Geld ver*dienen* zu müssen, und fangen Sie an, es anzuziehen. In anderen Sprachen ver*dient* man sein Geld nicht. Also wählen Sie, wie Sie in Zukunft zu Geld kommen. Viele arbeiten nur, um Geld zu ver*dienen*.

Mit Arbeit verbringt man den größten Teil seines Lebens... und das sollten Sie ändern. Tun Sie nie mehr etwas, das Sie Arbeit nennen können! Damit ist keineswegs gemeint, dass Sie nichts tun sollen, sondern das heißt, dass Sie das tun sollen, was für Sie *wesentlich* ist, was Sie erfüllt, was für Sie stimmt. Und gestatten Sie dem Leben, Sie dafür fürstlich zu bezahlen, dass Sie das tun, was Sie auch umsonst machen würden. Geben Sie sich nicht zu lange Zeit dafür, bis Sie umgestellt haben auf eine tägliche Erfüllung, auf die Sie sich freuen und für die Sie auch noch besser bezahlt werden als für das, was Sie bisher arbeiten. Drei Monate bis ein halbes Jahr genügen in etwa – bis dahin sollten Sie umgestellt haben.

Wenn Sie eine Freude verspüren, am nächsten Tag wieder mit Ihrer Tätigkeit beginnen zu dürfen, dann haben Sie Ihre Aufgabe gefunden.

Wie Sie Ihre Lebensintensität erhöhen können

Die Beherrschung des Augenblicks ist die Beherrschung des Lebens.

Wenn Sie intensiver und damit auch bewusster leben möchten, sollten Sie herausfinden, was Ihnen im Leben wirkliche Freude bereitet. Was ist das Wichtigste in Ihrem Leben? Was ist für Sie wesentlich?

Die folgenden Fragen helfen Ihnen dabei. Nehmen Sie sich dazu wieder einen Bleistift und ein Blatt Papier und gönnen Sie sich mindestens eine halbe Stunde Zeit. Sie profitieren davon, wenn Sie die Antworten schriftlich formulieren, Ihre Gedanken werden dadurch konkreter. Außerdem haben Sie danach eine Sammlung mit Lösungen parat, mit denen Sie Ihr Leben intensiver gestalten können.

1. Was würde ich tun, wenn ich nur noch fünf Jahre zu leben hätte? Würde ich etwas an meinem Leben ändern?
- Arbeit?
- Partnerschaft?
- Familie?
- Beziehung zu Menschen?
- Wissen?
- Freizeit?
- usw.

2. Wie würde ich mich fühlen, wenn ich ganz sicher nur noch ein Jahr zu leben hätte?
- Was würde ich in dieser Zeit tun?
- Was würde ich loslassen?
- Wem würde ich verzeihen?
- Wie würde ich jeden Augenblick erleben?
- Wie bereit bin ich zu gehen?
- Wohin, glaube ich, gehe ich dann?
- Bin ich bereit, bewusst durch diese Erfahrung zu gehen?

Wenn Sie etwas tun, was Sie nicht gerne tun

Probleme existieren nur im Auge des Betrachters.

Wenn Sie beim nächsten Mal vor einer Aufgabe stehen, die Ihnen überhaupt nicht gefällt, fragen Sie sich: »Warum tue ich das?«

Beispiel: Kindererziehung, auch wenn die Umstände nicht immer ganz einfach sind oder wenn Sie lieber etwas ganz anderes machen würden. Überlegen Sie sich: »War es meine Wahl?« Sie haben sich irgendwann für Kinder entschieden, jetzt ist es Ihre Wahl, ob Sie sich um die Kinder kümmern *müssen* oder ob Sie sich um sie kümmern *dürfen*. Es ist alleine Ihre Wahl, wie Sie es sehen: ob Sie Ihre Kinder durch das faszinierende Leben begleiten oder ob Sie all die Schwierigkeiten durchmachen müssen. Das heißt also, Sie können exakt das Gleiche tun, aber die Haltung, mit der Sie es tun, entscheidet, ob es ein *Muss* ist oder ein *Geschenk*. Machen Sie sich einmal bewusst, was für eine faszinierende Aufgabe es ist, Kinder großzuziehen!

Wann immer Sie ein Muss in Ihrem Leben entdecken, zeigt Ihnen das eine Fehlhaltung. Sie müssen überhaupt nichts. Fangen Sie an zu dürfen und erkennen Sie das Geschenk dessen, was ist. Machen Sie sich bewusst, dass das Leben ein Spiel ist.

> Ich schlief und träumte, das Leben sei Freude.
> Ich erwachte und sah, das Leben war Pflicht.
> Ich handelte und siehe: die Pflicht war Freude.
> *Tagore*

Alles beginnt mit dem ersten Schritt

Haben Sie sich auch schon einmal gefragt, wie die großen Persönlichkeiten der Menschheit so gewaltige Veränderungen bewirkt haben? Was haben Jesus, Gandhi oder Mutter Teresa gemeinsam?

Zunächst einmal waren sie alle anfangs völlig unbekannt. Jesus war der Sohn eines einfachen Zimmermannes, Gandhi ein kleiner Verwaltungsbeamter, der von den Engländern aus dem Zug geworfen wurde, weil er Inder war. Mutter Teresa war eine einfache Nonne. Sie alle lebten eine innere Wirklichkeit, die mit der äußeren Realität überhaupt nicht übereinstimmte, wohl aber mit dem wahren Sein des Menschen. Sie ließen so diese innere Wirklichkeit »in Erscheinung treten« und erinnerten auf diese Weise andere an die Wahrheit und Wirklichkeit, die in jedem schlummert und darauf wartet, geweckt zu werden.

Immer mehr Menschen erwachten durch sie zu ihrem

wahren Sein. Deswegen wurde die Vision von diesen großen Menschen auch so überzeugend und mächtig. Sie brauchten niemanden zu überzeugen, dass das, was sie taten, richtig ist. Und sie hatten alle einen klaren Blick dafür, wie die Dinge sein sollten, und ließen sich durch nichts und niemanden irritieren oder abhalten. Sie waren alle echt, ehrlich und authentisch. Aus dieser Authentizität bezogen sie ihre Legitimität. Sie zögerten keinen Augenblick, das Notwendige zu tun, ohne Rücksicht auf Widerstände von außen, oft auch unter Einsatz ihres Lebens. Das heißt, sie waren alle bereit, ihr Leben für diese innere Wirklichkeit zu geben, und oft genug hat das Leben von Menschen wie den genannten diesen höchsten Einsatz auch verlangt.

Ich glaube nicht, dass diese Menschen komplett anders waren. Sie spürten die gleiche Wahrheit, die in jedem Menschen schlummert, aber sie hatten den Mut, die Konsequenzen daraus zu ziehen. Dabei können wir uns die Frage stellen: »Bin auch ich bereit, die Wahrheit zu erkennen und die Konsequenzen daraus zu ziehen?« Wenn wir bereit sind, brauchen wir auf nichts mehr zu warten, dann beginnt dieses eigentliche Leben in diesem Augenblick. Dann können wir als der Mensch hinaustreten, so wie wir von der Schöpfung gemeint sind. Alles hängt davon ab, ob wir *den ersten Schritt tun*. Erst mit dem ersten Schritt werden alle weiteren möglich, jedoch ist dieser erste Schritt unausweichlich. Lassen wir unser wahres Sein »in Erscheinung treten« und entscheiden wir uns für diesen ersten Schritt!

Das Spiel des Lebens

Mit Beginn des Spiels bekommen Sie *ein Leben, eine Spielfigur (= Körper) und eine maximale Spieldauer: 120 Jahre.* Sie können in diesem Spiel jeden Zug machen, aber Sie tragen die Konsequenzen. Das heißt, mit jedem in diesem Spiel nicht lebensgerechten Verhalten wird etwas von dieser Spielzeit abgezogen. Ein Beispiel ist Ärger. Jedes Mal, wenn Sie sich ärgern, wird ein Stück Lebenszeit abgebucht. Ein kleiner Ärger kostet Sie vielleicht ein bis zwei Stunden, größerer Ärger so etwa eine Woche, und wenn Sie sich öfters ärgern, kommen schon einige Monate zusammen. Deswegen werden auch die wenigsten 120 Jahre alt, und so kommen wir auf die normale Lebensdauer von etwa 70 bis 80 Jahren. Der Inhalt des Lebens wird von Ihnen frei bestimmt.

- Was haben Sie zum Inhalt dieses Lebens bestimmt?
- Was ist der Inhalt Ihres Lebens?
- Was ist der Sinn Ihres Lebens?
- Was lohnt sich denn als Lebensinhalt?

Die richtige Antwort ist, wirklich zu leben! Sie können in jedem Augenblick neu wählen. Ihre Situation kann noch so schwierig sein, es ist ohne Bedeutung, weil Sie sofort eine neue Ursache setzen können. In diesem Moment beginnt dann ein ganz neues Kapitel in Ihrem Leben. Sie sind Schöpfer und können vom Leben alles haben, Sie brauchen nur aufwachen und wählen – und dann muss das Leben das hervorbringen.

Das Spiel des Lebens wird ausschließlich im Jetzt gespielt. Ob die Vorstellung von Vergangenheit oder Zukunft Sie beeinflusst, ist ebenfalls Ihre Wahl. In Wirklichkeit ist jeder Zug eine neue Wahl.

Ihre Persönlichkeit ist ein wichtiger Spielfaktor, aber sie ist jederzeit beliebig veränderbar. Wenn Sie sich nicht gefallen, erfinden Sie sich einfach neu. Prüfen Sie doch gleich einmal: Was halten Sie von sich? Wenn es Sie noch einmal gäbe, und Sie würden sich irgendwo begegnen und sich vorgestellt werden. Was würden Sie sagen? »Angenehm« oder »nichts wie weg!« oder »Interessant, möchte ich gerne näher kennen lernen?« Gibt es an Ihnen irgendetwas, was Ihnen nicht gefällt?

Fragen Sie sich auch: »Als wer lebe ich? Wer sitzt auf meinem Stuhl? Wie bezeichnen Sie den, der da auf Ihrem Stuhl sitzt?« Beschreiben Sie ihn!

Sitzt Bewusstsein auf Ihrem Stuhl, so ist das hervorragend. Bei den meisten Menschen aber sitzt ein Ich auf dem Stuhl, eine Illusion. Wie kommen Sie auf die Idee, dass es Sie gibt? Es hat Sie nie gegeben. Es gibt nur dieses eine Sein, Bewusstsein.

Das heißt also, *die Wahl Ihrer Identifikation* entscheidet nach dem Gesetz der Resonanz, welches Schicksal Sie anziehen. Denn wenn Sie sagen »ich sitze auf dem Stuhl«, dann zieht dieses Ich Ich-Erfahrungen in Ihr Leben. Wenn da wirklich Bewusstsein sitzt, dann ist nach dem Gesetz der Resonanz eine Ich-Erfahrung nicht mehr möglich; dann erfahren Sie ein Leben als Bewusstsein. Ein *Ich* will zwangsweise immer einmal wieder Leid und Mangel erfahren. Bewusstsein kennt das nicht. Es gibt weder Leid noch Probleme noch Mangel noch Wunsch. Es gibt nur noch Sein.

Diese Identifikation kann ich frei wählen – was ich nicht frei wählen kann, ist meine Identität. »Ich bin« kann ich nicht wählen, »Ich bin« *ist*. Aber ich kann mir einbilden, ein Ehemann zu sein, ein Schulkamerad, ein Kegelbruder oder Direktor... was auch immer.

Ich kann also viele Rollen spielen – das kann ich wählen. Ich kann mein Ich wählen, meine Persönlichkeit. Und alles das, jede einzelne Wahl verändert drastisch mein Leben. Ich kann als Gewinner leben oder als Verlierer. Jede Identifikation verändert mein Leben.

Ein Mensch muss erst zu sich selbst zurückfinden,
zu seinem Selbst. Als wäre es eine Treppe,
auf der er zu Gott steigen kann.
Augustinus

Glückskinder

Ich kenne Menschen, die sagen, dass alles, was sie anfassen, gelingt. Sie sind einfach von Natur aus Gewinner, und es funktioniert, auch wenn es unwahrscheinlich ist. Solche Menschen haben z. B. mit Aktien ein glückliches Händchen, auch wenn sie nicht viel Ahnung von der Materie haben. Sie gehen einfach zum richtigen Zeitpunkt herein oder heraus, auch wenn Fachleute sagen, dass das zu dem Zeitpunkt sicher nicht das richtige Engagement sei. Aber sie machen es einfach, und es stimmt. Das heißt also, die Wahl Ihrer Identifikation zieht bestimmte Erfahrungen in Ihr Leben und verhindert andere. Deswegen ist diese Wahl so entscheidend, aber auch die Erkenntnis, dass alle Teile der Realität jederzeit beliebig verändert werden können. Also machen Sie sich noch einmal bewusst:
- Wie ist Ihre Lebenssituation?
- Gefällt Ihnen das?
- Ist da irgendein Problem, eine Schwierigkeit? Eine unerträgliche Situation?

Ziehen Sie dann Ihre Aufmerksamkeit davon ab und fragen Sie sich:
- Wie hätte ich es denn gerne?

Nehmen Sie einmal einen Aspekt, der Ihr Leben bereichern würde, in Ihr Bewusstsein. Wenn Sie gewählt haben, machen Sie sich bewusst, dass Sie das haben können. Um es sicher zu bekommen, verfolgen Sie einfach diese drei Schritte:

1. Schritt
Wählen Sie: Nachdem Sie festgestellt haben, was Ihnen nicht gefällt, fragen Sie sich: Wie hätte ich es gerne? Nun stellen Sie sich vor, es wäre so. Sehen Sie es direkt vor sich. Sehen Sie den gewünschten Endzustand, bildhaft, plastisch und deutlich. Wenn Sie es genau vor sich sehen, nimmt es geistig Gestalt an.

2. Schritt:
Nehmen Sie es in Besitz, indem Sie sich mit dem gewünschten Endzustand verbinden. Erleben Sie sich in der erwünschten Situation, treten Sie ein in die Vorstellung und erleben Sie in immer neuen Situationen, dass es erreicht ist. Es ist geschehen. Sie sind am Ziel.

3. Schritt:
Freude und Dankbarkeit. Gehen Sie ganz in dieses Gefühl. Mit diesem dritten Schritt ist der Schöpfungsvorgang abgeschlossen. Das Gefühl der Freude und Dankbarkeit ist das Signal dafür, dass Ihr »Auftrag angekommen ist«. Dann wissen Sie, dass es geistig bereits geschehen ist.

Jetzt sollten Sie nur noch darauf achten, dass Sie nicht aus Versehen Ihren Auftrag wieder zurückziehen. Das geschieht nämlich ganz leicht durch Gedanken wie »Hoffentlich geschieht das« oder »Das wäre schön!«, denn dann gehen Sie wieder in das Gefühl des Mangels, und es gehört Ihnen nicht mehr. Das ist einer der meisten Gründe, warum viele Menschen annehmen, dass es bei ihnen nicht klappt. Passiert Ihnen das auch, wiederholen Sie einfach die drei Schritte noch einmal: sich vorstellen – in Besitz nehmen – in Dankbarkeit gehen *und in Dankbarkeit bleiben!* Dann bringt das Leben dies sicher hervor.

Im Einklang mit mir selbst (Meditation)

Ich bin einmal ganz bewusst da, wo ich bin,
Lasse außen alles los,
atme ganz tief ein paar Atemzüge ein und aus
und komme ganz bewusst hier und jetzt an,
bin ganz bewusst im Hier und Jetzt.
Ich lasse meinen Atem ganz von selbst geschehen,
beobachte meinen Atem.
Und während ich meinen Atem beobachte, gestatte ich ihm,
dass er immer ruhiger, immer tiefer wird.
Und während mein Atem ruhiger und tiefer wird, lasse ich ihn los.
Ich lasse meinen Atem geschehen und erlebe bewusst, es atmet mich.

Und während mein Atem so geschieht, komme ich immer mehr bei mir selbst an,
stimme mich immer mehr auf mich selbst ein,
komme so ganz bewusst in Ein-Klang mit mir selbst,
bin ganz bewusst im Hier und Jetzt als »Ich selbst«.
Und während ich in mir ruhe, spüre ich, wie alles von mir abfließt,
was nicht meinem innersten Sein entspricht.
Ich werde so immer freier, immer klarer, immer weiter,
und bin vollkommen da. Ich bin.
Ich bin ganz bewusst »Ich bin«.
Ich werde mir dieser Qualität immer mehr bewusst und bin ganz einfach.
Ich genieße es, bei mir selbst angekommen zu sein und einfach zu sein.
In diesem Angekommensein mache ich mich jetzt ganz weich,
ganz weich und weit und öffne mein Sein, spüre bewusst die Energie, die mich umgibt,
und fließe ganz bewusst in das Ganze,
verschmelze mit allem, was ist.
Spüre den Fluss des Lebens, alles fließt.
Ich bin im Einklang mit mir selbst und allem,
fließe mit dem lebendigen Strom des Lebens.
Ich bin – in mir ruhend – fließend – eins.
Ich bin.

In diesem Bewusstsein gehe ich von nun an durch mein Leben.

Und wohin ich auch komme, wird die Welt lichter und liebevoller
durch mein So-sein.
In diesem Bewusstsein erfülle ich von nun an meine Aufgabe.
Und wenn ich wieder ganz hier bin, ganz da ...,
dann öffne ich meine Augen,
gestatte meinem Körper, sich wieder frei zu bewegen.
Bin wieder ganz im Hier und Jetzt.
Aber ich bin, der ich wirklich bin.

Das Geheimnis von Wohlstand und Reichtum

Vom meisterhaften Umgang mit Geld

Es gibt viele Arten von Reichtum: Geld; Gesundheit; ein glückliches Familienleben; gute Freunde; ein Beruf, der wirklich Berufung ist; genug Zeit für alles, was Ihnen wichtig ist; Erfolg; Freiheit; loslassen können; wirklich lachen können; echt, ehrlich und authentisch sein.

Geld ist ein wichtiges Thema und kann Ihr ganzes Leben verändern oder auch verzaubern. Wenn wir nicht genügend Geld haben, müssen wir uns ständig damit befassen, und es bekommt dadurch eine Wichtigkeit, die es nicht verdient. Am sinnvollsten ist es, wir machen uns Geldverdienen zum Hobby – dabei ist es aber wichtig, darauf zu achten, dass es nicht zum Lebensinhalt wird. Geld ist kein Lebensziel. Geld hat viele positive Aspekte und es macht uns frei. Geld gibt die Zeit, sich mit Wesentlichem zu befassen. Es schenkt uns die Möglichkeit, das zu tun, was uns wirklich Freude macht.

Um zu genügend Geld zu kommen, sollten wir zuerst einmal untersuchen, ob wir nicht vielleicht eine versteckte negative Meinung von Geld haben. Manche Menschen schließen ihren Wohlstand aus, weil sie glauben, Geld sei etwas Schlechtes, oder sie glauben, Geld macht nicht glücklich. Nach dem Gesetz der Resonanz kann jedoch nur zu mir kommen, was ich gerne habe und nicht ablehne. Darum sollten wir Geld lieben und nicht gering schätzen.

Im Grunde genommen ist es gar nicht schwer, zu viel Geld zu kommen, wenn man sich einmal ganz gründlich mit der Sache auseinander setzt. Machen Sie sich auch bewusst, dass es nicht schöpfungsgerecht ist, arm zu sein und im Mangel zu leben. Es gibt keinen begrenzten Vorrat an Wohlstand, sondern es ist genug für uns alle da. Sie nehmen auch niemandem etwas weg. Sie mehren den Wohlstand der Welt, indem Sie Geld schaffen. Wohlstand ist auch nicht unspirituell, im Gegenteil, er ist ein Maßstab dafür, wie gut wir das Spiel des Lebens spielen.

Wie kann man in kurzer Zeit ein Vermögen schaffen?

Achten Sie darauf, dass Sie für alles im Leben einen angemessenen Gegenwert erhalten. Das kann Geld sein, ein sonstiger Wert, Freude oder aber Erfüllung. Sie brauchen im Leben auf nichts zu verzichten.

Viele Menschen verschenken im Leben ein Millionenvermögen, weil sie ein paar wichtige Punkte nicht beachten. So sollten Sie so früh wie möglich damit beginnen, Geld sinnvoll anzulegen, und dies konsequent fortsetzen. Überlegen Sie auch, ob Sie nicht das tägliche Kleingeld (die Münzen in Ihrem Geldbeutel) sparen könnten, ohne sich wesentlich einzuschränken. Legen Sie sich vermögensbildende Gewohnheiten zu, entwickeln Sie Spar-Spaß und beobachten Sie, wie sich Ihr Geld täglich vermehrt. Machen Sie Sparen zur Freude!

Wenn Sie ein paar Gesundheitsregeln befolgen und zum Beispiel das Rauchen aufgeben, verschwindet Krankheit aus Ihrem Leben, und Sie gewinnen nicht nur eine riesige Summe Geld, sondern noch 10 bis 20 gesunde Lebensjahre dazu. Oder prüfen Sie einmal, wie viel Geld Sie einsparen, wenn Sie für sechs Monate auf Wein oder Alkohol insgesamt verzichten.

Auch in spiritueller Hinsicht können Sie einiges dazu tun: Segnen Sie das Geld, wenn Sie es ausgeben, und stellen Sie sich vor, wie es mehrfach zu Ihnen zurückkommt. Alles, was Sie ehrlichen Herzens segnen, muss

Ihnen zum Segen werden, das ist ein geistiges Gesetz. Fragen Sie dabei nicht Ihren Verstand, sondern tun Sie es lieber und beobachten Sie, was geschieht – dies ist dann der Beweis.

Verwirklichen Sie auch Ihre Traumtätigkeit, dann ergibt sich das Geldverdienen von alleine. Oder schaffen Sie sich einen Nebenverdienst mit Ihrer Lieblingsbeschäftigung. Denn was man gerne tut, das tut man gut – und was man gut tut, das wird auch gut bezahlt.

Machen Sie sich einen Kosteneinsparungsplan

Reich wird man von dem Geld, welches man nicht ausgibt. Ersparen Sie sich unnötige Ausgaben – das ist die wirkungsvollste Sparmaßnahme überhaupt. Rufen Sie sich das notfalls in Erinnerung durch einen kleinen Notizzettel im Geldbeutel mit dem Hinweis »Muss das wirklich sein?«. Rechnen Sie auch Ihre Finanzsituation durch und optimieren Sie zu teure Versicherungen, ungünstige Baufinanzierungen, schlecht verzinste Sparkonzepte und nicht genutzte Steuersparmöglichkeiten.

Machen Sie sich für Reichtum resonanzfähig

Verbannen Sie Mangel aus Ihrem Bewusstsein und lassen Sie Erfüllung in Erscheinung treten. Reiche fühlen sich reich und konzentrieren sich ganz auf Reichtum.

Machen Sie sich ebenfalls resonanzfähig dafür, denn unsere Einstellung zu Geld wirkt wie ein Magnet: Entweder wir ziehen es an oder wir stoßen es ab. Ein Magnet kann nur in eine Richtung wirken. Mit der richtigen Einstellung ziehen Sie das Geld fast magisch an.

Achten Sie auch darauf, dass Sie es wert sind, zu Wohlstand zu kommen. Fragen Sie sich, *warum* Sie es wert sind, im Wohlstand zu leben, und finden Sie mindestens zehn verschiedene Gründe dafür. Denn das, was wir bekommen, steht in direktem Verhältnis zu unseren Überzeugungen. Sorgen Sie dafür, dass Sie sorglos leben können, und gehen Sie den Weg der Freude.

Wenn Sie sich wirklich für Wohlstand entschieden haben, üben Sie sich in Beharrlichkeit: Starten Sie sofort und bleiben Sie konsequent dabei!

Wie Sie ganz sicher wohlhabend werden

Wohlstand lässt sich abonnieren: Wer die folgenden Punkte konsequent umsetzt, wird systematisch reich und bleibt es auch.

- Gehen Sie in die Selbstidentifikation.
- Schaffen Sie sich ein Wohlstandsbewusstsein.
- Optimieren Sie Ihr Selbstbild.
- Lassen Sie allen Ballast los (Ärger, Stress usw.).
- Wählen Sie wohlstandsfördernde Überzeugungen.

- Werden Sie vermögend – vermögend ist, wer viel vermag.
- Erkennen Sie, dass Ihre Lebensumstände Ihre Überzeugungen sichtbar machen.
- Schaffen Sie sich eine innere Erfolgsformel.
- Schaffen Sie sich klare Ziele.
- Erreichen Sie alles spielerisch und mit dem geringsten Aufwand.
- Gewinnen Sie zunächst jedes Vorhaben in Ihrer Fantasie.
- Erkennen Sie, dass zum wirklichen Wohlstand viel mehr gehört als nur Geld.
- Durch Ihre Identifikation steht von vorneherein schon fest, was Sie erreichen werden. Daher: Sind Sie im Mangel- oder im Wohlstandsbewusstsein?
- Lernen Sie die Kunst des Wandelns. Was auch immer gerade in Ihrem Leben geschieht; machen Sie sich bewusst, dass Sie daraus einen Erfolg machen können.
- Optimieren Sie Ihre Einstellung zu Geld.
- Machen Sie Geldverdienen zu Ihrem Hobby, sparen Sie z. B. täglich Kleingeld.
- Lernen Sie, Ihr Leben wirklich zu führen.
- Das ganze Geheimnis ist: weniger ausgeben, als man einnimmt.
- Hören Sie auf zu »arbeiten« und lassen Sie sich Ihre Lieblingsbeschäftigung gut bezahlen.
- Machen Sie niemals Schulden (Schulden behindern zuverlässig Ihren Wohlstand, denn sie fesseln Sie an die Sünden der Vergangenheit).

- Sollten Sie Schulden haben, beginnen Sie sofort damit, sie systematisch abzubauen.
- Senken Sie konsequent Ihre Ausgaben, entwickeln Sie ein Kostensparprogramm.
- Überlegen Sie vor jeder möglichen Geldausgabe: »Muss das wirklich sein?«
- Gewöhnen Sie sich ggf. das Rauchen ab und beginnen Sie, intelligent zu telefonieren.
- Fahren Sie einen gebrauchten Wagen.
- Optimieren Sie Ihre Lebensversicherung.
- Vermögensaufbau zum Nulltarif: Legen Sie Kindergeld sinnvoll an.
- Machen Sie sich »Reichwerden« zur Gewohnheit.
- Erhöhen Sie ständig Ihr Einkommen.
- Steigern Sie ständig Ihr Wissen und Ihr Können, seien Sie ein Experte auf Ihrem Gebiet.
- Nutzen Sie alle Informationen optimal; alles ist dazu da, Sie erfolgreich werden zu lassen.
- Schaffen Sie sich ein interessantes Zusatzeinkommen.
- Bringen Sie auch in Ihren Berufsalltag Originalität und Stil.
- Verwischen Sie die Grenze zwischen Arbeit und Privatem und schaffen Sie um sich eine lebensfrohe Atmosphäre.
- Machen Sie Freundlichkeit und Aufgeschlossenheit zu Ihrer inneren Haltung, seien Sie freundlich nicht wegen der anderen, sondern damit Sie sich selbst in sich wohler fühlen.
- Zelebrieren Sie Ihren kultivierten Lebensstil.

- Lassen Sie Ihr Geld für sich arbeiten.
- Legen Sie niemals »alle Eier in ein Nest«.
- Legen Sie Geld zu höchstmöglicher Rendite an.
- Wohnen Sie zur Miete.
- Machen Sie sich klar: Das größte Risiko geht der ein, der kein Risiko eingehen will.
- Nutzen Sie den Cost-Average-Effekt.
- Nicht warten, sondern starten.
- Investieren Sie optimal.
- Lernen Sie, alles, was Sie vorhaben, in der Imagination erfolgreich zu beenden, und gewöhnen Sie sich so an das Gewinnen.
- Führen Sie ein Erfolgstagebuch und überprüfen Sie immer wieder Ihre Einstellungen.
- Sparen Sie regelmäßig am Monatsanfang 10 Prozent Ihres Einkommens.
- Überlegen Sie, mit welchem Betrag Sie in wie vielen Jahren in Pension gehen wollen.
- Nutzen Sie die Macht des Visualisierens; lernen Sie »herträumen« und manifestieren.
- Fangen Sie an, wirklich märchenhaft zu leben.
- Achten Sie auf Ihre Gesundheit.
- Leben Sie in einer ständigen inneren Freude und genießen Sie das Leben.

Neun Faktoren,
die unser Schicksal bestimmen

Sobald ich mich gemeistert habe, stehe ich vor der Aufgabe, das Leben zu meistern, mit Schicksal umzugehen. Ein wichtiger Schritt auf dem Weg ist, zu erkennen, dass Schicksal »Machsal« ist. Jeder macht sich sein Schicksal selbst. Es gibt keine Schicksalsverteilungsstelle, die dem einen den Lottogewinn und dem anderen eine böse Schwiegermutter zufügt, sondern diese Schicksalsverteilungsstelle sind Sie. Ihr So-sein zieht die Dinge in Ihr Leben, denn daraus entsteht Ihre energetische Signatur, und die bestimmt nach dem Gesetz der Resonanz, was Sie erleben. Was wir erleben, das bestimmen bewusst oder unbewusst folgende Faktoren:

1. Die Wahl des Geschlechtes, als das ich in Erscheinung trete. Wenn Sie »Mann« wählen, können Sie nicht mehr in Erwägung ziehen, Kinder zu gebären.

2. Die Wahl der Eltern und damit unsere genetische Prägung. Damit steht zum größten Teil fest, mit welchen gesundheitlichen Fragen Sie konfrontiert werden.

3. Die Wahl des Landes mit seinem kollektiven Schicksal, in das Sie eintreten. Es ist ein großer Unterschied, ob ich in Deutschland lebe oder in Kambodscha. Die Chancen, die Sie hier haben, haben Sie dort nicht, dafür vielleicht andere.

4. Die Wahl des Zeitpunktes Ihrer Geburt. Damit bekommen Sie Ihre individuelle Prägung. Sie treten ein in die Energie dieser Welt.

5. Die Wahl Ihrer Lebensabsicht, die Ihr Handeln bestimmt, solange sie nicht von Ihnen geändert wird.

Sie sehen, das meiste ist bereits bestimmt, bevor Sie geboren sind. Bis dahin haben Sie schon sehr viel gewählt. Hinzu kommen:

6. Die bewusste Wahl Ihrer energetischen Signatur, das heißt der Schwingung Ihres Energiefeldes. Denn nach dem Gesetz der Resonanz lässt diese nur bestimmte Ereignisse in Ihrem Leben zu. Es ist Ihre Wahl, für welche Ereignisse im Leben Sie sich resonanzfähig machen.

7. Das Setzen bestimmter Ursachen durch Ihr Handeln. Es beeinflusst natürlich Ihr Leben, wenn Sie z. B. beim falschen Partner oder zum falschen Beruf »ja« sagen. Manchmal kann ein einziges Wort ein ganzes Leben verändern.

8. Die Kenntnis und Nutzung der geistigen Gesetze und damit der kosmischen Ordnung. Bevor wir am Straßenverkehr teilnehmen, lernen wir die Verkehrsregeln, denn wenn wir bestimmte Regeln nicht einhalten, hat das schwer wiegende Konsequenzen. Die geistigen Gesetze hingegen werden nirgends in der Schule unterrichtet, und so kollidieren viele Menschen in Unkenntnis der Dinge mit den Gesetzen, z. B. mit dem Gesetz von Ursache und Wirkung.

9. Die Kenntnis und Nutzung der Zeitqualität, weil es sehr Kraft raubend ist, im Leben gegen den Strom zu schwimmen. Manchmal ist die Strömung auch so stark, dass es gar nicht möglich ist, dagegen anzukommen.

Wenn Sie diese schicksalsbestimmenden Faktoren kennen, können Sie jederzeit neu wählen.

Den Weg der Freude gehen

Zurück ins Paradies der Kindheit

Wenn wir geboren werden, beginnt unser Leben im Paradies. Als Kind haben wir unendlich viel Zeit, wir haben eigentlich nur Zeit. Die Erfüllung vieler Wünsche scheitert dann aber am fehlenden Geld, und viele Möglichkeiten eröffnen sich nur mit mehr Geld. Und so entsteht ein Ideal von »reichlich Zeit und viel Geld mit vielen Möglichkeiten auf glänzende Aussichten«. Die grenzenlose Zeit des Kindes wird zunächst durch die

Schule, später noch mehr durch den Beruf beschnitten. Was bleibt, ist nur noch ein Rest an Zeit. In der Partnerschaft ist es anfangs besser, wenn beide arbeiten. Sobald ein Kind kommt, entsteht die Spirale, dass ein Verdienst wegfällt, aber die Kosten deutlich steigen. Und: Sie haben kaum noch Zeit. Keine Aussicht auf Änderung ist in Sicht, höchstens viel später. Ein Ausbruch aus dieser totalen Einengung ist nur ganz kurz möglich. Sie würden gerne mal wieder tanzen gehen, aber es fehlt Ihnen einfach die Möglichkeit. Und ganz gleich, was beide tun, sie müssen wieder zurück in den Käfig und träumen von totaler Freiheit, vom Sechser im Lotto und von grenzenlosen Möglichkeiten. Vielleicht kommt im Alter noch einmal eine kurze Freiheit. Die Kinder sind aus dem Haus, der Verdienst reicht gut, das Häuschen ist abbezahlt, doch bald kommen dann schon gesundheitliche Einschränkungen, und vieles macht so keinen Spaß mehr. Und irgendwann geht es nur noch ums reine Überleben, und das Überleben allein ist schon anstrengend genug. So ist der Tod oft die Erlösung vom geplatzten Traum von vollkommener Freiheit und Fülle.

Sie können jetzt ganz neu wählen und wieder zurückkehren in das Paradies der Kindheit, sodass jeder Tag wieder 24 Stunden hat und dass Sie selbst bestimmen, was damit geschieht. Dort können Sie jedes Muss aus Ihrem Leben entlassen, Sie müssen gar nichts. Fangen Sie einfach noch einmal bei null an und prüfen Sie alles, woraus Ihr Leben besteht, ob Sie das wirklich so wollen – und ersetzen Sie es gegebenenfalls!

Man kann es sich sogar zu einem erfüllenden Hobby machen, alle Aspekte des Lebens immer wieder einmal auf den Prüfstand zu legen. Gehen Sie alle Bereiche (berufliche Tätigkeit, Wohnung, Freizeit, Auto, Kleidung, die Bücher, die Sie lesen usw.) durch und fragen Sie sich: »Was davon gehört noch unverzichtbar in mein Leben?« und »Wie hätte ich es denn gerne?«

Lassen Sie Ihrer Fantasie freien Lauf, finden Sie letztlich ganz vieles, was Ihnen Erfüllung bietet, und passen Sie Ihre Umgebung Ihrem jetzigen Sein an, damit Sie immer in Ihrem Optimum leben. Alles, was Sie tun, soll Ihnen nämlich dazu dienen, Freude zu erfahren.

Schwierigkeiten bringen uns weiter

Natürlich gibt es im Leben Schwierigkeiten. Manchmal glauben wir, ein Leben ohne Schwierigkeiten wäre viel schöner. Wir sehnen uns danach und versuchen, ein solches Leben zu verwirklichen, und vergessen, dass Schwierigkeiten der Motor der Evolution sind; ohne sie gäbe es keine Entwicklung. Das erinnert an die Geschichte von dem Vogel, der beim Fliegen den Widerstand der Luft spürte und deswegen nicht schneller fliegen konnte. Er stellte sich vor, wenn es keine Luft gäbe und damit keinen Widerstand, dann könnte er ganz leicht und schnell fliegen. Das ist logisch, brillant, überzeugend und dennoch falsch, denn er wusste nicht, dass er ohne Luft überhaupt nicht fliegen kann. Ohne Schwierigkeiten würden wir uns nicht entwickeln. Wenn wir keine Schwierigkeiten mehr erfahren, sind wir vollkommen. Deswegen sollten wir jede Schwierigkeit als Chance sehen.

Bewerten und Verurteilen aufgeben

Bewertung gehört nicht zum Bewerteten, sondern immer zu dem, der bewertet. Jede Bewertung liegt ausschließlich im Betrachter. Da jedes Urteil immer in mir liegt, kann es auch nur dort geändert werden. Jedes Urteil ist eine Selbstverurteilung, und jedes Mal, wenn ich gegen etwas eingestellt bin oder etwas bekämpfe, bekämpfe ich mich selbst. Bewertungen und Urteile sind nur Überzeugungen, die den Dingen, Situationen und Ereignissen übergestülpt werden. Sie sind nie Teil der Sache.

Immer wenn wir Urteile aufheben, wird die dadurch gebundene Aufmerksamkeit frei und steht wieder für unser eigentliches Leben zur Verfügung. Durch Urteilen und Bewerten »zerstreuen« wir unser Potenzial. Ohne freie Aufmerksamkeit sind wir nicht mehr Schöpfer, sondern Opfer. Es ist daher unverzichtbar, die Welt anzunehmen, wie sie ist. Bewerten und Verurteilen aufzugeben heißt auch, dass wir wieder die Möglichkeit haben, die Dinge zu ändern, die zu ändern sind.

> Liebe alle und alles bedingungslos,
> und alle und alles wird dich bedingungslos lieben.
> *Marie Mantese*

Heilende Krisen in unserem persönlichen Leben

Leid macht uns immer nur aufmerksam auf etwas, das in Ordnung gebracht werden sollte.

Vielleicht haben Sie es auch schon erlebt, dass erst eine Krise in unserem Leben den Durchbruch zu Wandlung und Wachstum brachte. Oft brauchen wir eine Krise, damit sich eine Tür öffnet und wir die bisherige Lebensweise und das bisherige Bewusstsein verlassen, ohne je dahin zurückzukehren. Wir erleben eine Krise, wenn wir aus einer Lebensweise oder einem alten Muster herausgewachsen sind, aber noch daran festhalten, weil sich dieses Muster vertraut anfühlt und wir uns damit sicher fühlen.

Spirituelle Entwicklung ist ein langer, oft mühevoller Weg durch ein unbekanntes Land voller Freude und Schönheit, aber auch voller Überraschungen und Gefahren. Ein Abenteuer, das uns zwingt, unsere Persönlichkeit zu überschreiten. Sobald wir unser Alltagsbewusstsein überschritten haben, sind wir in diesem unbekannten Land, von dem wir bisher nicht einmal wussten, dass es existiert. Ein »immer währendes Flirten« mit dem Leben beginnt.

Dabei spielt es keine Rolle, auf welcher Ebene wir starten. Viele werden durch eine körperliche Krise zur Wandlung geführt; durch eine Krankheit, einen Unfall, Übergewicht oder durch eine Sucht. Für andere ist eine emotionale Krise der Anlass, sich auf den Weg zu machen. Wieder andere beginnen auf der geistigen Ebene, motiviert durch Neugier. Sie fangen an, geistige Bücher zu lesen, Seminare zu besuchen, sich einer Glaubensgemeinschaft anzuschließen. Der Weg eines jeden Menschen ist einzigartig. Erst nachdem wir alle diese Ebenen durchschritten haben, erwartet uns die große Aufgabe, dies alles auf der materiellen Ebene zu leben. Wir erkennen, dass es viel leichter ist, ein bedeutendes Ich zu werden als ein bescheidenes Selbst.

Nur sehr wenige haben im Laufe der Jahrtausende auf dem spirituellen Weg das angestrebte Ziel, eine Art »Erleuchtung«, erreicht, die darin bestand, sich ganz mit ihrem spirituellen Selbst zu identifizieren und frei zu werden von menschlichen Bedürfnissen.

Die meisten starben früh, oft nach schweren körperlichen Leiden. Die große Mehrheit aber kommt gar nicht erst so weit und bleibt, durch die Trennung zwischen dem Physischen und dem Spirituellen, irgendwo auf dem Weg stecken – hin- und hergerissen von den Bedürfnissen des Geistes und ihres Egos. Sie sind voller Zweifel und fühlen sich als Versager, statt den erleuchteten Zustand zu erreichen.

Wohin es führt, wenn man einseitig nur einem Weg folgt, kann man in den westlichen Industrieländern sehen, die den materiellen Weg gehen, und in den Ländern der Dritten Welt, die mehr den spirituellen Weg gehen. In den westlichen Industrieländern herrschen Wohlstand und geistige Armut, in den Ländern der Dritten Welt mit ihren starken spirituellen Traditionen herrschen im materiellen Bereich Chaos und extreme Armut. Keiner dieser beiden Wege bietet allein eine Lösung für die vielen Probleme, denen wir uns heute gegenübersehen.

Es ist Zeit zu erkennen, dass wir beide Wege gleichzeitig gehen müssen, wenn wir Harmonie und Vollkommenheit erreichen wollen.

Wie gut sind Sie im Spiel des Lebens?

Wir können uns immer wieder einmal die Frage stellen, wie gut wir im »Spiel des Lebens« sind. Da gibt es verschiedene Maßstäbe. Ein Maßstab ist z. B. *Gesundheit*. Wie erfolgreich spiele ich das Spiel des Lebens, was meine Gesundheit betrifft?

Ein anderer Maßstab ist *Geld*. Viele Menschen haben

ein gestörtes Verhältnis zum Geld. Prüfen Sie einmal, ob Sie ganz natürlich und unbefangen mit Geld umgehen können. Mögen Sie es? Viele Menschen glauben, mit Geld verliere man den Charakter. Geld verdirbt nur dem den Charakter, der vorher auch schon keinen guten hatte. Es kann nicht schöpfungsgerecht sein, zu wenig Geld zu haben, denn das hieße, im Mangel zu leben wäre gut, doch jeder Mangel ist Disharmonie. Also sorgen Sie dafür, dass Sie von allem, was Sie brauchen, mehr als genug haben, denn das Grundprinzip der Schöpfung ist Fülle.

Ein weiterer Maßstab ist die *Harmonie in der Partnerschaft*. Ist das optimal bei Ihnen? Wenn nein, können Sie in diesem Augenblick sofort den Schritt tun, und Sie leben in einer idealen, harmonischen Partnerschaft. Fangen Sie einfach damit an, selbst ein idealer Partner zu sein.

Wählen Sie einmal ganz bewusst, welches Leben Sie leben wollen. Hier ein paar Beispiele:

Leben als Chance
Das Leben bietet mir alle Chancen, ich brauche sie nur zu erkennen und zu nutzen. Ich kann aber auch selbst zur Chance werden für meinen Nächsten.

Leben als Spiel
Das Leben ist ein Spiel, das mir zur Freude erdacht und gespielt wird. Ein abwechslungsreiches Spiel, in dem

ich entscheide, ob ich als Spielfigur oder als Spieler teilnehme. Ein Spiel, in dem ich nur gewinnen kann – und sei es an Erkenntnissen.

Leben als Strafe?
Das Leben schickt mir ohne erkennbaren Grund einen Schicksalsschlag, eine Krankheit oder Leid, das ich mehr oder weniger geduldig zu tragen habe.

Leben als Arbeit?
Alles ist Arbeit. Das Leben besteht aus Pflichterfüllung, und ich habe wenig Möglichkeit, eine Arbeit zu wählen, die mir Spaß macht und Freude bringt.

Leben als langsames Sterben?
Alles vergeht, nichts kann ich halten, mich an nichts festhalten. Ich werde immer älter. Jugend und Gesundheit vergehen, Menschen verlassen mich. Ich erleide einen Verlust nach dem anderen.

Leben als Schule
Ich lebe, um zu lernen. Die unbequemen Lebensumstände, die das Leben mir manchmal bietet, sind nichts anderes als Chancen, zu neuen Erkenntnissen zu gelangen.

Leben als ständige Geburt
Jeder Augenblick ist neu und einmalig, und in jedem Augenblick kann ich mein Leben neu bestimmen. Alles

fließt und alles formt sich ständig neu. Auch ich werde immer mehr zu mir selbst geboren.

Leben als Spiegel
Alle Lebensumstände sind nur ein Spiegelbild meines Bewusstseins, sie sind das Ergebnis meiner Gedanken. Indem ich mich selbst ändere, kann ich auch mein Umfeld ändern.

Leben als Auftrag
Ich erkenne, dass ich mit einem bestimmten Auftrag hier bin, und widme mich ganz der Erfüllung dieser Aufgabe.

Leben als Kunstwerk
Ich erkenne, dass es erfüllend ist, aus seinem Leben ein Kunstwerk zu machen. Ich lerne die Kunst zu leben und genieße jeden Augenblick.

Leben als Ausdruck von Vitalität
Ich achte auf einen gesunden und schönen Körper als mein wichtigstes Werkzeug. Ich bin ihm dankbar, dass ich in ihm wohnen darf, und füge ihm nur Gutes zu.

Leben als Abenteuer
Das Leben bietet mir ständig neue Möglichkeiten. Es ist wie ein faszinierendes Abenteuer, in dem ich die Hauptrolle spiele.

Leben als Schöpfung
Ich bin mir bewusst, dass ich der Schöpfer meines Schicksals bin. Mit der Kraft meiner Gedanken forme ich die Umstände, wie ich sie haben möchte, und bin dankbar für diese Gabe.

Leben als Lehrer
Ich weiß, das Leben ist dazu da, um ständig zu lernen und das Gelernte weiterzugeben. Ich erweitere mein Bewusstsein, halte es und werde so zum Beispiel und zur Chance für jeden, der mir begegnet.

Leben als Vorbild da sein
Ich weiß, dass auch andere auf mich schauen, und so führe ich nicht nur für mich, sondern auch für andere in Stille ein vorbildliches Leben.

Leben als Ausdruck des Lichts
Ich bin geboren als Ausdruck der einen Kraft, als Botschafter der Liebe, zum Segen für alle. Ich lebe in einem hohen Bewusstsein, lasse die Kraft des Lichtes und der Liebe durch mich wirken.

Leben als universelles Bewusstsein
Ich erkenne mich als vollkommenes, unsterbliches Bewusstsein. Ich war schon immer und werde immer sein, denn ich bin reine Existenz. Immer wieder gehe ich in eine neue Erfahrung, tauche ein in einen neuen Körper, bleibe dabei aber im Bewusstsein des wahren Selbst.

Leben als die eine Kraft
Alle Trennung ist aufgehoben. Ich bin eins mit dem Einen und eins mit allem. Ich erkenne mich in allem und lebe als die »eine Kraft«. Ich bin der Tropfen, der in den Ozean zurückkehrte und zum Ozean wurde. Ich bin.

Es ist Ihre Entscheidung, welches Leben Sie wählen, aber Sie sollten es auf jeden Fall *wählen*.

Schreiben Sie Ihre Wunschbiografie

Was Sie bisher aus Ihrem Leben gemacht haben, das ist gelaufen, das können Sie nicht mehr ändern. Was ab jetzt geschehen soll, das sollten Sie ganz konkret bestimmen.

Also stellen Sie sich einmal vor, Sie sind 104 Jahre alt, sitzen im Schaukelstuhl, überlegen sich, was Sie die nächsten 20 Jahre so anstellen wollen, und schauen zurück auf Ihr bisheriges Leben. Auf was möchten Sie dann zurückschauen? Was möchten Sie bis dahin erlebt haben? An was möchten Sie sich erinnern können?

Das, was Sie sehen wollen, müssen Sie *jetzt* tun. Also schreiben Sie einmal Ihre Lebensbiografie zu Ende, mindestens bis 100 Jahre. Was soll bis dahin noch passieren?

Beschreiben Sie es ganz präzise, erleben Sie es bildhaft und farbig in allen Einzelheiten. Sie wollen reisen? Erleben Sie, wie zufrieden Sie dabei sind. Erleben Sie Gesundheit. Was sind Sie bereit, dafür zu tun?

Bereiten Sie sich einfach darauf vor, dass Sie heiter und gelassen durch alles hindurchgehen, was geschieht. Sie brauchen nicht zu warten, bis das passiert ist, sondern Sie können das durch Vorauserleben bestimmen. Geben Sie Ihrem Unterbewusstsein eine klare Vorstellung, wie Sie sich in Zukunft in Schwierigkeiten praktisch verhalten.

Denken Sie einmal an eine Situation, die im Moment noch etwas schwierig für Sie ist, und stellen Sie sich nun plastisch vor, wie locker Sie durch diese Situation hindurchgehen. In heiterer Gelassenheit tun Sie einfach, was zu tun ist. Sie unternehmen die notwendigen Schritte, um zu ändern, was nicht stimmt. Damit haben Sie Ihrem Unterbewusstsein einmal in seiner eigenen Sprache (im Bild) ein Programm Ihres gewünschten Verhaltens gegeben. Wenn Sie das 20 bis 30 Mal wiederholen, wird es Ihr Unterbewusstsein fest als Programm verankern. Erleben Sie dann wieder eine solche Situation, so fällt Ihnen auf: »Normalerweise würde ich jetzt ...« – aber auf einmal bleiben Sie im Bewusstsein im Einklang mit sich selbst. Es ist ganz einfach.

Das Märchen vom Spiel des Lebens

Es war einmal vor langer Zeit (es muss wohl vor sehr langer Zeit gewesen sein), da schenkte Gott den Menschen das »Spiel des Lebens«. Und er sagte ihnen, dass sie dieses Spiel erst spielen könnten, wenn sie den Weg der Evolution gegangen seien, und erklärte ihnen die sieben Stufen dieses Weges. Die Menschen bedankten sich bei Gott und bereiteten sich begeistert auf das Spiel des Lebens vor und gingen die sieben Schritte der Evolution.

In der ersten Stufe
erlebten sie sich als Stein, erlebten sich als hilflos und angewiesen auf die Elemente, auf Wind, Sonne und Regen und freuten sich auf die

zweite Stufe
Hier erlebten sie sich als Pflanze. Sie wuchsen und gediehen, wandten sich immer mehr dem Licht zu, aber sie spürten schmerzhaft, dass sie ihren Standort nicht wechseln konnten, und so freuten sie sich schon auf die

dritte Stufe
Hier erlebten sie sich als Tier. Endlich konnten sie beliebig ihren Standort verändern, konnten dort hingehen, wo die Sonne schien. Aber irgendwann erkannten sie schmerzhaft, dass sie sich nicht mehr daran erinnern

konnten, wer sie in Wirklichkeit waren, und so freuten sie sich schon auf die

vierte Stufe
Hier erlebten sie sich als Mensch, hatten die Chance, sich wieder an ihre göttliche Herkunft zu erinnern. Sie hatten die Möglichkeit, sich dem geistigen Licht zuzuwenden und das Licht in sich als ihr wahres Wesen zu entdecken. Aber sie lebten in einem schweren Körper und so freuten sie sich schon auf die

fünfte Stufe
Hier erlebten sie sich als Seele, waren frei von der Schwere des irdischen Körpers, frei von materiellen Wünschen und lebten miteinander in der Glückseligkeit. Und doch spürten sie, dass da noch etwas fehlte, und so freuten sie sich auf die

sechste Stufe
Hier erlebten sich die Menschen als reines Bewusstsein, in dem sich die Herrlichkeit und Vollkommenheit ihrer göttlichen Herkunft spiegeln konnten. Jetzt fehlte nur noch ein Schritt, die

siebte Stufe
Auf dieser Stufe brauchten sie nur noch die Krone ihrer göttlichen Herkunft aufzusetzen und durch das Tor in ihr Reich einzutreten, und dann konnte endlich das Spiel des Lebens beginnen. Einige wenige Menschen setzten

ihre Krone auf und traten durch das Tor in ihr Reich. Die meisten aber waren müde geworden, und so baten sie Gott, eine kleine Pause machen zu dürfen, um sich für das große Spiel etwas auszuruhen. Und Gott, der voller Freude auf sie geblickt hatte, während sie den Weg der Evolution gegangen waren, gestattete ihnen eine kleine Pause.

Und die Menschen schliefen ein. Sie schliefen und vergaßen völlig, wer sie waren, vergaßen, dass nur noch ein Schritt zu tun war, ja sie vergaßen sogar, die Pause zu beenden. Und Gott blickte sehr sorgenvoll auf die Menschen. Und wenn sie nicht inzwischen alle gestorben sind, dann schlafen sie heute noch und träumen von der Vollkommenheit, anstatt endlich aufzuwachen, den letzten Schritt zu tun, die Krone aufzusetzen und durch das Tor zu treten, damit es endlich beginnen kann…

… das große Spiel – das Spiel des Lebens!

> OM ist der Ursprung der Schöpfung, ihre Quelle,
> ihre Aufrechterhaltung und ihre Kraft.
> OM ist der Atem jedes Lebewesens!
> *Sai Baba*

Bewusstsein ständig geschehen lassen

Für ein Leben als Meister verfolgen wir immer wieder folgende Schritte:

1. Schritt
Ich öffne mein Kronen-Chakra durch Imagination und durch Fühlen, dass es geschieht. Ich lasse kosmische Lichtenergie in mich einströmen.

2. Schritt
100 Billionen Körperzellen öffnen ebenfalls ihr Kronen-Chakra und erfüllen sich mit kosmischer Energie.

3. Schritt
Ich lasse in meiner Vorstellung den untersten Punkt meiner Wirbelsäule als geistige Wurzel in die Erde wachsen und nehme so die Kraft der Erde in mich auf.

4. Schritt
100 Billionen Körperzellen lassen ebenfalls eine geistige Wurzel wachsen. Alle nehmen so die Kraft der Erde in sich auf.

5. Schritt
Beide Kräfte durchdringen harmonisch mein ganzes Sein, verbinden sich in mir zu einer Kraft. Ich bin die harmonische Verbindung von Geist und Materie. Ich bin ein Ausdruck der einen Kraft, ich *bin* die *eine Kraft*.

6. Schritt
Ich lenke bewusst die »eine Kraft« auf das, was geschehen soll, lasse so auch Heilung in mir geschehen. Heile eventuell einen anderen Menschen oder eine Situation. Ich lasse die *eine Kraft* wirken.

7. Schritt
Wenn »es geschehen ist«, lasse ich bewusst los. Es ist vollbracht – aber ich bleibe ständig im Bewusstsein der beiden Kräfte, die in mir zur *einen Kraft* werden.

Jeden Raum mit Liebe erfüllen

Immer wieder treffen wir uns mit bekannten oder uns noch unbekannten Menschen an einem gewissen Ort... sei es bei einem Seminar, einem beruflichen Meeting, einem Familientreffen, bei Feierlichkeiten, bei einem Vertragsabschluss, einer wichtigen Besprechung und bei sonstigen Anlässen. Sind wir in hohem Bewusstsein und beachten ein paar Punkte, so können wir – zum Teil auch schon im Voraus – die Situation positiv beeinflussen und damit das Geschehen zum Gelingen zu bringen:

1. Selbst bewusst sein.
Ich trete als höchstes Bewusstsein in den Raum, lasse Liebe durch mich wirken und erfülle den ganzen Raum damit. Ich rede, denke und handle als höchstes Bewusstsein.

2. Den anderen/die anderen erkennen.
Ich mache mir bewusst, dass auch die anderen Teile des höchsten Bewusstseins sind, von dem auch ich ein untrennbarer Teil bin. Damit erhebe ich die anderen zu sich selbst. Ich bin also eins mit ihnen in Liebe und halte dieses Bewusstsein.

3. Für alle die beste Lösung wollen.
Wünsche ich etwas für mich, so wünsche ich mir gleichzeitig, dass es zum Wohle aller anderen geschieht – und nicht zu meinem Vorteil.

4. Kreativ visualisieren.
Ich erlebe den Ablauf möglichst mehrmals schon mental voraus und stelle mir bildhaft ein gewünschtes Ergebnis bzw. eine Stimmung vor. Auch wenn ich die

Menschen, die ich in diesem Raum treffen werde, noch gar nicht kenne, oder wenn ich noch nicht weiß, in welchem Raum das Treffen stattfinden wird: Ich sehe uns Hand in Hand die optimale Lösung herbeiführen, sicher geführt vom »inneren Meister«, von Gott in uns.

5. Alles ist gut.
Ich richte meine Gedanken darauf, dass alles gut geht, dass Gott für alles sorgt, und ich lasse in Dankbarkeit seinen Willen geschehen.

Sich mit »Ich bin« erfüllen

Wenn wir uns mit »Ich bin« erfüllen, sind wir angeschlossen an die *eine* Kraft, mit dem, was wir selbst für uns als das Höchste anerkennen. Ein Leben im »Meisterbewusstsein« bedeutet, dass wir ständig in Kontakt mit dieser einen Energie leben und verbunden mit »Ich bin« durch unseren Alltag gehen.

1. Ich öffne mein Kronen-Chakra und schließe mich an die eine Kraft an. Verbunden mit dieser Energie, lasse ich »Ich bin« in mich einfließen und erfülle meinen ganzen Körper damit.

2. Während diese Kraft in mich einströmt, lasse ich Heilung in meinem ganzen Körper geschehen. Ich erfülle speziell meine Schwachstellen mit dieser Energie und dann allgemein meinen ganzen Körper, vom Kopf

bis zu den Zehenspitzen. Jede einzelne Zelle wird erfüllt von »Ich bin«.

3. Ich konzentriere diese Kraft in meinem Muladhara-Chakra (Wurzel-Chakra, am untersten Ende der Wirbelsäule) und aktiviere dadurch meine eigene Schöpfungskraft.

4. Ich erfülle und durchflute mein Denken mit »Ich bin«. Spüre, wie »Ich bin« denkt. Denke als »Ich bin«.

5. Als »Ich bin« erfülle ich meinen ganzen Körper und erlebe so in jedem Augenblick Erfüllung als »Ich bin«. Das, was mich da erfüllt, ist auch das, was mich heilt. So lasse ich ständig Heilung auf allen Ebenen geschehen.

Über unsere Ziele

Wer sein Ziel kennt, findet den Weg. (Laotse)

Ein sehr wichtiger Aspekt beim Meistern des Lebens ist Zielklarheit. Die meisten Menschen wissen nur, was sie nicht wollen. Viele Menschen verfolgen hartnäckig den Weg, den sie gewählt haben, und nur wenige verfolgen tatsächlich ihr Ziel. Erst wenn Sie voller Begeisterung zielgerecht denken, fühlen, reden und handeln, fällt Ihnen der Erfolg in den Schoß. Zielklarheit bezieht sich nicht nur auf einzelne Ziele, sondern auf das Leben selbst. Wir müssen uns klar werden, weshalb wir hier sind und wo wir am Ende angekommen sein wollen.

Prüfen Sie einmal ganz für sich (am besten schriftlich) folgende Fragen:
- Wo will ich hin? Warum will ich dorthin? Was verspreche ich mir davon?
- Welches Leben will ich ab sofort führen?
- Führe ich überhaupt mein Leben?
- Kann ich führen? (Gespräch, Situation, Firma, Leben) Nur wenn ich mein Leben führe, ist es auch mein Leben.
- Was ist mir das Wichtigste im Leben?
- Was mache ich so richtig gern?
- Was war mein Jugendtraum?
- Warum habe ich das Ziel bisher nicht erreicht?
- Womit habe ich bisher den Erfolg erfolgreich verhindert?
- Bin ich bereit, mich unwiderruflich für mein Ziel zu entscheiden?

Ein Ziel ist dann stimmig, wenn nicht nur ich, sondern *alle* dabei gewinnen.

Die Vision von Ihrer Zukunft bestimmt Ihre Gegenwart. Wenn Sie diese Antworten konkret für sich erarbeitet – und somit Ihre persönlich stimmigen Ziele gesetzt – haben, wissen Sie zukünftig ganz sicher, wie Sie sich in jeder Situation verhalten sollen. So sind Sie zum Beispiel stets in der Lage, Ihre Entscheidungen zu *treffen* und brauchen sie nicht mehr zu *fällen*. Sie warten einfach in Ruhe ab und erkennen, wann etwas »reif« ist. So fangen Sie mit der Zeit sogar damit an, Schwierigkeiten zu genießen, weil Sie erkennen, dass Sie im Spiel des Lebens nur gewinnen können.

Die Welt tritt zur Seite, um jemanden vorbeizulassen, der weiß, wohin er will. Misserfolge sind nur Botschaften des Lebens und zeigen uns, wie man etwas besser machen kann. Träumen Sie Ihren Traum und verwirklichen Sie ihn!

Ich bin das Ziel

Ich mache mir ein Ziel bewusst
und erreiche gerade dieses Ziel.
Es ist geschafft!
Was jetzt? Ein neues Ziel?
Und ich erkenne: Das wahre Ziel bin ich selbst.
Aber ich bin ja immer schon ich selbst.
Bin also am Ziel.
Sobald ich bei mir angekommen bin, bin ich am Ziel.
Dann bin ich ständig am Ziel.

Nun nehme ich dieses »Ich-bin-am-Ziel-Bewusstsein«
in meine Situation.
Ich bleibe in der Situation am Ziel.
Aus diesem Angekommensein bei mir selbst ergibt sich
    eigentlich erst mein Weg.
Ich muss also erst am Ziel sein,

um mich wirklich auf meinen Weg machen zu können, und bleibe dabei ständig am Ziel.

Vom Sucher zum Finder werden

Sucher suchen ewig, Finder finden ständig.

Die größte Entdeckung, die ich in einem Leben machen kann, ist, mich selbst zu entdecken, zu erkennen, wer ich bin. Damit entdecke ich, dass es nichts mehr zu tun gibt, sondern nur noch zu sein – und ich lasse das Leben einfach geschehen. Ich erkenne, dass ich selbst das Ziel bin. Und da ich gar nicht anders kann, als ich selbst zu sein, bin ich die ganze Zeit schon am Ziel. Ich kann getrost damit aufhören, ständig an mir zu arbeiten, um vorwärts zu kommen, wo immer »vorwärts« auch sein mag. Es ist auch nicht mehr notwendig, dass ich viele Dinge ändere, um etwas zu erreichen. Ich brauche nur noch zu *sein*!

Was bedeutet »Der Weg ist das Ziel«?

Der übliche Sinn dieses Spruchs ist, dass es nicht darauf ankommt, möglichst schnell das Ziel zu erreichen, sondern den Weg zu gehen und sich daran zu erfreuen und ihn zu genießen. Demnach ist es also das Ziel, auf dem

Weg zu sein. In Wirklichkeit heißt es aber: *Ich bin in jedem Augenblick das Ziel*, wenn ich wirklich *ich selbst* bin. Wenn ich so jeden einzelnen Augenblick erfülle, reihe ich einen erfüllten Augenblick an den anderen zu einem erfüllten Leben. Dann bin ich in jedem Augenblick am Ziel. Das Ziel ist es also, ganz *ich selbst* zu sein, und in jedem Augenblick, in dem ich das erfülle, bin ich am Ziel. Der Weg ergibt sich aus der Aneinanderreihung der einzelnen Augenblicke, aber um die brauche ich mich dann nicht mehr zu kümmern, sie sind nur das, was geschieht, wenn ich in jedem Augenblick am Ziel bin. Der Weg geschieht dann also von selbst.

Das Leben findet nur *jetzt* statt, und nur *jetzt* kann ich am Ziel sein. Unwichtig, ob ich in der Vergangenheit schon am Ziel war, oder ob ich es in Zukunft sein werde. Die Vergangenheit ist vorbei und die Zukunft noch nicht existent. Ich lebe nur *jetzt*, in diesem Augenblick, und ich kann in diesem Augenblick am Ziel sein, wenn ich wirklich *ich selbst* bin.

Wenn ich *ich selbst* bin, geschieht Evolution so, wie sie das Leben durch mich verwirklichen will, und es entsteht der Weg der Evolution dadurch, dass ich die ganze Zeit am Ziel bin. Vollkommenheit ist in jedem Augenblick, das Geschehen des Augenblicks ist ein Ausdruck der Vollkommenheit. Bin ich *ich selbst*, dann – und nur dann – lebe ich vollkommen!

Vollkommenheit ist also nicht ein Ideal, ein fernes Ziel, sondern die Chance eines jeden Augenblicks. »*Sei du selbst*« heißt also, nicht mehr nach Bildern und Programmen und Vorstellungen zu leben, sondern in jedem Augenblick neu zu sein. Und authentisch – eben wirklich ich selbst. Ich bin der *ich bin*.

Der Bauer und der liebe Gott

Eine Geschichte über die Ziele und das Glück der Menschen: Es war einmal ein armer Bauer, der lebte fleißig und rechtschaffen in seiner kleinen Hütte und war zufrieden. Als er sich eines Tages wieder mühte, seine kargen Felder zu bestellen, sah er plötzlich ein helles Licht vor sich und darin ein kleines Männlein, das zu ihm sprach: »Du bist allzeit rechtschaffen gewesen und glücklich, trotz deiner Armut, und so will ich dir drei Wünsche erfüllen. Wenn du einmal einen Wunsch hast, so rufe mich, und ich werde ihn dir erfüllen.«

Der Bauer ging nach Hause und erzählte seiner Frau von dem wunderbaren Erlebnis. Er meinte, eigentlich habe er keine Wünsche, da er von Herzen glücklich sei. Aber seine Frau wollte gern Königin sein und so bedrängte sie ihren Mann, sich zu wünschen, dass er König würde. Seiner Frau zuliebe ließ sich der Bauer überreden, rief das Männlein und nannte ihm seinen Wunsch. Da erhob sich ein Brausen in der Luft, alles drehte sich um ihn, und als er wieder richtig zu sich kam, war er König in einem prächtigen Palast, und seine Frau saß neben ihm als Königin.

Er erfreute sich an all den schönen Dingen, aber seine Frau hatte sich bald daran gewöhnt und wollte noch mehr. So bedrängte sie ihn, Kaiser zu werden. Er wollte eigentlich nicht, weil er glücklich war, aber seiner Frau zuliebe rief er noch einmal das Männlein und bat darum, Kaiser zu werden. Da erhob sich wieder ein starkes Brausen in der Luft, alles drehte sich um ihn, und als er wieder zu sich kam, war er Kaiser, und seine Frau saß neben ihm als Kaiserin.

Er war zufrieden. Aber seine Frau hatte sich bald an den Glanz gewöhnt, und als sie eines Tages eine Audienz beim Papst hatten und die Knie beugen mussten vor dem Höheren, da wurmte es sie, dass noch jemand auf der Welt höher stand als sie, und sie bedrängte ihren Mann, das Männlein zu bitten, Papst zu werden. Der Bauer wollte es nicht, weil er sehr zufrieden war, aber sie drängte so lange, bis er nachgab. Er rief das Männlein, äußerte seinen Wunsch, und wieder erhob sich ein gewaltiges Brausen in der Luft, alles drehte sich um ihn, und als er wieder zu sich kam, war er Papst.

Er war zufrieden, aber als seine Frau sah, dass er täglich zu Gott betete, da erkannte sie, dass noch immer einer höher stand, und sie drängte ihn, Gott zu werden. Er wollte nicht, und außerdem waren die Wünsche verbraucht, aber sie drängte so lange, bis er nachgab. Wieder rief er das Männlein, sagte seinen Wunsch, und das Männlein sprach: »Noch einmal will ich dir deinen Wunsch erfüllen, aber diesmal ist es der letzte.« Da erhob sich ein so gewaltiges Brausen wie nie zuvor, alles drehte sich um ihn, und als er zu sich kam, saß er wieder als armer Bauer in seiner Kate, wie früher.

Da erkannte er, dass man Gott nicht außen in den Dingen finden kann, sondern nur in sich, denn Gott wohnt in einem fröhlichen und rechtschaffenen Herzen, und das hatte er ja schon immer gehabt. So war er eins mit Gott, arbeitete fleißig und war glücklich bis an sein Ende.

> In dir selbst liegt die Wahrheit.
> Niemand findet sie, der sie in
> äußeren Dingen sucht.
> *Meister Eckhart*

Ich bin!

Ich bin reines, vollkommenes Sein.

Mein physischer Körper...
...ist ein vollkommenes Abbild der Vollkommenheit des Seins, das ich bin.
Mein Körper ist heil und gesund.

Mein Ätherleib, mein Energie- und Vitalkörper…
…ist ein vollkommenes Abbild der Vollkommenheit des Seins, das ich bin.
Mein Körper ist gesund und vital.

Mein Emotionalkörper, mein Gemüt…
…ist ein vollkommenes Abbild der Vollkommenheit des Seins, das ich bin.
Mein Gemüt ist in vollkommener Harmonie und stark wie ein Fels in der Brandung.

Mein Mentalkörper, mein Denkinstrument…
…ist ein vollkommenes Abbild der Vollkommenheit des Seins, das ich bin.
Er ist vollkommen klar.

Mein Kausalkörper…
…ist ein vollkommenes Abbild der Vollkommenheit des Seins, das ich bin.
Er ist rein und klar und in vollkommener Harmonie.

Mein Buddhi- oder Seelenkörper…
…ist ein vollkommenes Abbild der Vollkommenheit des Seins, das ich bin.
Meine Seele ist rein und voller Liebe.

Das Bewusstsein, das ich bin…
…ist ein vollkommenes Abbild der Vollkommenheit des Allerhöchsten.

Ich bin ein »Ebenbild Gottes«. Ich bin reines, vollkommenes Sein.

> Gott wurde Mensch,
> auf dass der Mensch Gott werden kann.
> *Irenäus*

Ich lege den Film »Meister« ein

Eine Reise zu mir selbst

Was steht auf der Kassette? »Mein Leben als Meister« oder »Ich als Meister« oder »Ich bin ein Meister«? Der Film beginnt bereits vor diesem Leben. Ich nehme mich wahr, wie ich wirklich bin. Ich erkenne, wie ich lebe und warum ich mich zu diesem Leben als Meister entschließe. Als welche Art Meister ich auf diese Welt komme und mit welcher Absicht.

Warum wähle ich gerade *diese* Umstände? Diese Eltern? Dieses Land? Diese Zeit?

Ich erlebe, wie ich als Meister heranwachse, wie ich geprägt werde und wie ich mit diesen Prägungen umgehe. Alles ist dafür gedacht, mich daran zu erinnern: Ich bin Meister!

Ich sehe, ob die anderen das erkennen, *ob ich es erkenne* oder ob ich mich allmählich vergesse, mein wahres Sein. Und ich glaube, ein Mensch, eine Persönlichkeit zu sein, auf die ich vielleicht noch stolz bin. Erlebe, wann ich mich wieder an mich erinnere und wie ich anfange zu leben, als der ich gekommen bin – als Meister. Wie sieht mein Leben aus als Meister? Habe ich eine Botschaft, eine bestimmte Aufgabe? Und wie erfülle ich sie? Ich fühle mich als Meister in meinem Körper – in diesem Augenblick. Damit überschreite ich meine ganze Entwicklung und bringe sie zur Erfüllung, indem ich als Meister lebe. Die Entwicklung ist zu Ende – ich bin angekommen. Ich identifiziere mich nicht länger mit meiner Persönlichkeit, die mich ja von der Wirklichkeit getrennt hat, Meister zu sein.

Ich erlebe, welche Art Meister ich bin und ob ich überhaupt als Meister im Außen in Erscheinung trete. Bin ich ein Meister-Lehrer oder ein Meister-Heiler? Ich kann schauen, wie mein Leben als Meister in der Zukunft weitergeht. Kann mich in jedem Augenblick für eine neue Alternative entscheiden. Lasse alle Vorstellungen los, wie ich sein sollte oder was ich können müsste. Ich bin der »ich bin«. Ich muss nichts mehr und *darf* alles – wenn es *stimmt*.

Ich erkenne, meine Persönlichkeit muss gar nicht erst vollkommen sein, da ich sie ohnehin loslasse. Ich bin vollkommen und kann mich jederzeit aus dem »Persönlichkeits-Spiel« entlassen und in die Wirklichkeit eintreten.

Teil 3
Leben als Meister

Ein Leben im Meisterbewusstsein

Lebe so einfach wie möglich,
aber nicht einfacher!
Es ist nicht möglich, einen Fehler zu machen.
Höre auf zu suchen – finde!
Sucher suchen ewig. Finder finden jetzt!
Du bist Gott. Du hast lange gebraucht, das herauszufinden,
also sei endlich, der du bist!
Wenn du es dir wert bist,
wirst du immer alles bekommen, was du brauchst!
Wenn du sagst, »ich kann nicht«, dann ist das nicht wahr.
Du hast nur vergessen, dass du kannst.
Du weißt genau, was getan werden muss,
warum tust du es nicht?
Du bist Gott, und die Welt wartet auf deinen Segen.
Lass dein Leben zum Segen werden für alle.
Früher oder später beginnst du wahrzunehmen, wahrhaft zu leben
und wirklich zu lieben – warum nicht jetzt?
Du schaffst es ganz sicher, du musst es nur lange genug versuchen.
Eines Tages bist du am Ziel; warum möchtest du so lange warten?
Wen du nicht übertreffen kannst, dem folge nach!
Lass alles los, woran du dich klammerst
und jetzt lass auch alles andere los.

Sei bereit, der Wahrheit zu begegnen,
du findest sie in dir.
Alles wird sich ändern, sobald du bereit bist.

»Hallo, Meister!«

»...ja, ich meine dich, wen denn sonst? Du bist kein Meister? Das muss eine Verwechslung sein. Aber mir kannst du so was doch nicht erzählen – ich weiß doch, wer du bist! Ich kenne dich, denn ich bin doch wie du von Anfang an dabei! Du erinnerst dich nicht mehr? Denk doch mal zurück, wie alles begann«:

Am Anfang war nur die eine Kraft. Es gab noch keine Schöpfung, und auch die eine Kraft war noch nicht als Kraft in Erscheinung getreten. Sie war ein in sich ruhendes, vollkommenes Potenzial aller Möglichkeiten. Eines Tages... ach so, einen Tag gab es ja auch noch nicht. Also irgendwann gestattete die *eine Kraft* einem Teil von sich, als *viele* in Erscheinung zu treten, und das sind *wir, du, ich und die anderen* – die Spieler im kosmischen Spiel, das soeben begonnen hat.

Den nicht offenbarten Teil der *einen Kraft* nennen wir mal den »Beobachter«. Du kannst auch »Schiedsrichter« zu ihm sagen. Und da man für ein Spiel auch ein Spielfeld braucht, wurde die Welt geschaffen. Das kosmische Spiel konnte beginnen. Jeder Spieler ist als Teil der einen Kraft ebenfalls ein vollkommenes Potenzial sämtlicher Möglichkeiten, aber jeder bestimmt für sich, welche dieser Möglichkeiten er in sich aktiviert. Und natürlich trägt er auch die Folgen, jeder ist voll verantwortlich für sein Spiel.

Es hat auch einen Ball im Spiel, nennen wir ihn mal »Erleuchtung«. Jeder bekommt irgendwann im Spiel einmal den Ball, aber er darf ihn nicht behalten – er muss ihn an einen geeigneten Mitspieler weitergeben. Jedoch sollte er die Zeit, in der er den Ball hat, auch nutzen, denn in diesem Moment bestimmt er das Spiel. Dieser Augenblick dauert vielleicht nur eine einzige Inkarnation. Also nutze die Zeit, denn du hast den Ball.

> Wir sind ein Teil des Universums, und
> das Universum ist ein Teil von uns.
> Wir leben so, dass unser Leben in Gleichgewicht
> und Harmonie ist – das ist unser Beitrag
> für Gleichgewicht und Harmonie im Universum.
> Das ist unsere Verantwortung.
> *Die Maya*

Das Meisterspiel

Beginnen Sie heute das Meisterspiel und starten Sie vielleicht mit einer Minute. Wenn Ihnen das zu viel ist, nehmen Sie anfangs zehn Sekunden – fühlen Sie sich einfach einmal zehn Sekunden als Meister. Fühlen Sie wie ein Meister, seien Sie ganz da wie ein Meister, ruhen Sie in sich wie ein Meister, spüren Sie, wie sich das anfühlt, zu leben wie ein Meister. Schon beim ersten Versuch merken Sie: Es tut richtig gut, es stimmt, so fühlen Sie sich richtig wohl. Und damit Sie nicht gleich übertreiben und eine Überdosis Meister nehmen, machen Sie weiter mit einer Minute, etwa 10 bis 20 Mal am Tag, wann immer Sie daran denken – während eines Telefonats oder während des Autofahrens, wo auch immer. Fahren Sie auch einmal meisterhaft auf der Autobahn oder im Stadtverkehr. Führen Sie auch einmal ein Meistergespräch. Oder haben Sie eine Frage oder möchten eine Entscheidung treffen? Ein Meister kennt die Antwort. Also bewegen Sie einmal diese Frage oder die Frage der Entscheidung in Ihrem Herzen und erkennen Sie sofort die Antwort in sich.

Mit diesem Meisterspiel sind Sie stets gut auf Ihren Alltag vorbereitet. Sie sollten es ab jetzt jeden Tag ganz oft erleben.

Den Tag als Meister beenden – den neuen Tag als Meister beginnen

Gehen Sie dann immer mehr in Details, z. B. gleich heute Abend: Beenden Sie den Tag als Meister. Achten Sie auf die letzten paar Minuten im Bett, bevor Sie einschlafen – schlafen Sie ein als Meister. Sie lassen Ihr Ich los, Ihre Persönlichkeit, Ihre Eigenheiten, Ihr Urteil, Ihren Widerstand. Sie sind einfach nur gut. In diesem Einverständnis mit sich und der Welt schlafen Sie ein. Und morgen früh, bevor Sie den Fuß aus dem Bett tun, denken Sie daran, den Tag mit einer oder zwei Meisterminuten zu beginnen. Fangen Sie den Tag erst an, wenn er stimmt. Prüfen Sie auch, ob Sie wirklich einen Meisterberuf ausüben. Wenn nicht, ändern Sie eines nach dem anderen und werden Sie so immer meisterhafter.

Erkennen Sie sich selbst durch Ihre Lebensumstände

Nach dem Spiegelgesetz spiegelt jede Situation in der äußeren Realität immer nur Ihre innere Wirklichkeit wieder. Sobald Sie Ihre äußere Realität als Ihre eigene Schöpfung erkennen, haben Sie die Macht, sie wieder zu ändern. Am deutlichsten spiegelt sich Ihr So-sein in Ihrer unmittelbaren Umgebung, also in Ihrer Partnerschaft, in der Beziehung zu Ihren Eltern, Kindern,

Freunden. Ganz gleich, was in der Realität in Erscheinung tritt, Sie begegnen immer nur sich selbst. Was ein anderer zu Ihnen sagt, ist immer eine Botschaft von sich an sich selbst. Wenn Sie also mehr Liebe in Ihr Leben bringen wollen, dann sollten Sie anfangen, liebevoller zu sein. Indem Sie liebevoller sind, ist es nach dem Gesetz der Resonanz nicht zu vermeiden, dass mehr Liebe in Ihrem Leben in Erscheinung tritt. Und Sie brauchen im Außen dafür gar nichts zu tun, Sie brauchen sich auch gar nicht zu ändern, sondern sich nur Ihr inneres Sein ins Bewusstsein zu rufen und wirken zu lassen. Dem Spiegel ist es nämlich völlig egal, was er widerspiegelt, aber für Sie selbst ist es ein großer Unterschied, ob sich die Sorgen und Ängste Ihres Egos in den Lebensumständen spiegeln oder die Gewissheit Ihres wahren Seins. Es ist einfach nur Ihre Wahl. Wenn Sie also mehr Liebe in Ihrem Leben verwirklichen wollen – und das ist eine der großen Herausforderungen im Leben als Meister –, dann gehen Sie doch gerade einmal die im Folgenden aufgeführten 22 Regeln der wahren Liebe durch.

Der Weg zu einer erfüllenden Partnerschaft

*Die Liebe ist ein Weg, auf den man sich macht,
um letztlich bei sich selbst anzukommen.*

Eine neue Beziehung kann noch so zauberhaft beginnen – wie es weitergeht, bestimmen wir mit unserem Verhalten. Wünschen wir uns eine erfüllende Partnerschaft, so müssen wir lernen, miteinander liebevoll das »Spiel des Lebens« zu spielen.

Wir schaffen dafür die besten Voraussetzungen, wenn wir bei uns selbst anfangen und uns bemühen, selbst ein idealer Partner zu sein. Dazu gehört vor allem, den anderen nicht ändern zu wollen, sondern ihn so zu lieben, wie er ist.

Liebe braucht, wie eine Blume, ständige Pflege und Aufmerksamkeit. Auch wenn wir im Moment alleine sind, können wir schon mal üben, aus einem ganz normalen Alltag etwas ganz Besonderes zu machen. Lieben lernen ist ein lebenslanger Prozess, der nie beendet sein wird, und Liebe ist die Kunst, gemeinsam einen Weg zu beschreiten.

Eifersucht ist kein Beweis von Liebe, auch lässt sich an Eifersucht keine Liebe des Partners erkennen. Sie zeigt nur seine Unreife, Angst und Unsicherheit. Versucht einer der Partner, den anderen an sich zu binden, ist dies der Anfang vom Ende der Liebe. Wenn wir unseren Partner wirklich lieben, hört Eifersucht ganz von selbst auf, denn wir wollen ihn glücklich sehen, wo auch immer.

Spielregeln der Liebe

Die 22 Schritte für das schönste Spiel, welches uns das Leben zu bieten hat

Regel Nr. 1
Lassen Sie alle Erwartungen, Vorstellungen und Ideale los und lieben Sie den anderen so, wie er ist. Prüfen Sie einmal, ob Sie überhaupt bereit sind, sich Ihrem Partner bedingungslos zuzuwenden. Enttäuschte Liebe ist immer nur enttäuschte Erwartung, die ich auf den anderen projiziert habe. Entscheiden Sie sich für ihn und lassen Sie sich ganz auf ihn ein, ohne ihn ändern oder erziehen zu wollen. Erkennen Sie, dass Sie keinen Anspruch auf ein bestimmtes Verhalten haben.

Stellen Sie keine Bedingungen oder Forderungen an Ihren Partner. Gedanken wie »Ich liebe dich nur, wenn du...« sind fehl am Platz. Und achten Sie darauf, dass Sie in Ihrer Vorstellung nicht mit Ihrem Idealbild, mit Ihrem Traum oder mit Ihrem Wunschbild (so wie Sie den Partner gerne hätten) zusammenleben. Geben Sie sich eine Chance, der Wirklichkeit zu begegnen.

Regel Nr. 2
Lieben Sie sich selbst. Prüfen Sie einmal, wie viele Vorbehalte Sie haben. »Im Prinzip liebe ich mich schon, aber dies gefällt mir nicht und das hätte ich gerne anders…« Fangen Sie an, sich selbst genauso bedingungslos anzunehmen wie einen Partner. Sagen Sie bedingungslos *ja* zu sich selbst. Sie können einen anderen nur in dem Maße lieben, wie Sie sich selbst lieben. »Liebe dich selbst, und du wirst einen anderen finden, der dich ebenso liebt!« Seien Sie sich selbst der beste Freund und Partner, denn Sie sind liebenswert und absolut einmalig.

Regel Nr. 3
Leben Sie als Gewinner. Richten Sie Ihre Aufmerksamkeit auf Lösungen und halten Sie sich nicht mit Schwierigkeiten und Problemen auf. Denn gerichtete Aufmerksamkeit ist pure Energie und schafft das, worauf sie gerichtet wird. Wenn es uns gelingt, unsere Aufmerksamkeit auf das zu richten, was sein soll, verändert sich unser ganzes Leben. Auf diese Weise können Sie das Glück abonnieren.

Regel Nr. 4
Partnerschaft ist ein Weg vom *Ich* zum *Wir*. Partnerschaft ist eine geistige Geburt, bei der aus zwei Einzelwesen etwas ganz Neues, ein größeres Ganzes wird. Wenn aus zweien eine neue Persönlichkeit wird – ein Wir –, dann gibt es auch keine unterschiedlichen Meinungen mehr,

denn *einer* kann nicht unterschiedlicher Meinung sein. Das heißt, wenn ich diesen Schritt vollziehe, verliere ich *mich* in der Beziehung und gewinne *uns*.

Regel Nr. 5
Soll eine Liebe Bestand haben, braucht sie drei Dinge:

1. Achtung und Bewunderung für den Partner (prüfen Sie einmal, ob Sie Ihren Partner bewundern; wenn nicht, dann ist das der Anfang vom Ende der Liebe).

2. Eine gemeinsame Aufgabe, die beide begeistert. Was ist die Aufgabe Ihrer Beziehung? Was ist der Inhalt, was verbindet Sie?

3. Verständnis, auch wenn man nicht versteht. Denn verstehen will immer nur der Verstand, Verständnis aber kommt aus dem Herzen. Es genügt völlig, wenn Sie Ihren Partner bewundern. Machen Sie sich das Geschenk Ihrer Partnerschaft bewusst und seien Sie stolz auf Ihren Partner.

Regel Nr. 6
Erkennen Sie das Glück Ihres Partners als den wichtigsten Teil Ihres eigenen Glücks, denn wenn Ihr Partner glücklich ist, dann sind Sie es höchstwahrscheinlich auch.

Regel Nr. 7
Es gibt nicht den einen Richtigen. Also warten Sie nicht, sondern nehmen Sie Ihr Glück selbst in die Hände. Partnerschaft wird erst möglich, wenn Sie bereit sind.

Regel Nr. 8
In Achtsamkeit miteinander umgehen. Achtsamkeit ist ein Schlüssel zum Glück. Nehmen Sie wahr, was um Sie herum geschieht, und nehmen Sie dieses Geschehen offenen Herzens an. Geben Sie dem anderen, was er gerade braucht: Ihre Aufmerksamkeit, Ihre Hilfe, ein offenes Ohr, Ihre Zeit, Ihre Liebe.

Regel Nr. 9
Die Kunst des All-ein-seins. Wenn wir mit einem Menschen zusammen sind, weil wir nicht allein sein können, ist die Grundlage nicht ein *Ja* zum Miteinander, sondern nur ein *Nein* zum Alleinsein. Allein sein können ist eine Aufgabe, vor die jeder Mensch irgendwann einmal gestellt wird. Wer allein sein kann, ohne dass einem etwas fehlt, der ist wirklich autonom – und wahre Liebe wird möglich. Lernen Sie, mit sich alleine glücklich zu werden.

Regel Nr. 10
Der Beziehung einen Sinn geben. Finden Sie in einer Partnerschaft miteinander zu sich selbst. Wenn eine Beziehung nicht beiden in der Entwicklung weiterhilft, hat sie keinen Sinn und muss sich auflösen.

Regel Nr. 11
Der Schritt vom Verliebtsein zur Liebe. Viele scheitern bei diesem Schritt, weil sie glauben, wenn das Verliebtsein vorbei ist, ist auch die Liebe vorbei. In Wirklichkeit

ist lediglich das Verliebtsein zu Ende. Verliebtsein ist nur ein Vorschuss: In dieser Zeit spürt man die Ecken und Kanten des anderen weniger. Liebe aber ist ihre Erfüllung. Der andere gibt mir zwar das Gefühl, verliebt zu sein, aber lieben muss ich schon selbst.

Regel Nr. 12
Bereit sein für eine Beziehung oder eine Ehe. Bereitschaft für eine Partnerschaft ist ein wichtiger Entwicklungsfaktor.

Regel Nr. 13
Die Angst vor Ablehnung besiegen. Auf dem Weg zu einer Beziehung, aber auch in einer Beziehung ist die Erfahrung von Zurückweisung nicht zu vermeiden, sie gehört einfach dazu. Finden Sie Ihren Weg, mit Ablehnung umzugehen. Sammeln Sie Körbe.

Regel Nr. 14
Eine Beziehung lebt von Zärtlichkeit. Füllen Sie täglich Ihr »Zärtlichkeitskonto« auf und schaffen Sie sich so ein möglichst hohes »Guthaben«.

Regel Nr. 15
Lernen Sie den idealen Umgang mit Krisen. Nehmen Sie den anderen bei Schwierigkeiten an der Hand und erkennen Sie diese als Auf*gabe,* die Sie miteinander lösen können.

Regel Nr. 16
Die Kunst, eine Beziehung liebevoll zu beenden, sodass daraus nicht ein Gegeneinander wird. Gerade die Situation einer Trennung braucht besonders viel Liebe. Meistern Sie auch diese Aufgabe gemeinsam. Und halten Sie nicht an etwas fest, das vorbei ist.

Regel Nr. 17
Lassen Sie Ihre Vergangenheit los. Lösen Sie sich von allem, was vorbei ist, und seien Sie wirklich bereit für eine neue Beziehung. Nur so hat Ihre neue Liebe eine Chance.

Regel Nr. 18
Lösen Sie all Ihre Ängste auf, nicht genügend geliebt zu werden, und bleiben Sie fern davon, jemanden besitzen zu wollen.

Regel Nr. 19
Bringen Sie Leben in Ihr Zusammenleben.

Regel Nr. 20
Miteinander reden erhält die Beziehung. Bleiben Sie ständig in Kommunikation mit Ihrem Partner – das macht Ihre Partnerschaft lebendig. »Sprachlose« Beziehungen haben keine Chance.

Regel Nr. 21
Erlernen Sie die Kunst, aus dem normalen Alltag etwas ganz Besonderes zu machen. Es ist täglich eine neue

Herausforderung, den Tag zu einem einmaligen Kunstwerk werden zu lassen. Dazu gehört zum Beispiel, dass Sie jeden Menschen, der Ihnen begegnet, bereichert verlassen. Machen Sie Wortgeschenke!

Regel Nr. 22
Seien Sie selbst der ideale Partner. Erkennen Sie den anderen als Gott und lieben Sie ihn bedingungslos.

Der Seelenpartner

Als ich zum ersten Mal von der Existenz eines Seelenpartners hörte, war ich sofort hellwach, kannte plötzlich das Ziel meiner ungestillten Sehnsucht und drängte auf eine Begegnung. Ich hätte besser auf den richtigen Zeitpunkt gewartet, denn so waren die ersten Jahre schwierig, außerdem trafen sie mich in einer anderen Bindung an, die erst schmerzhaft gelöst werden musste. Dabei hätte alles so einfach sein können, wenn ich nur nicht so ungeduldig – und dafür achtsamer – gewesen wäre. Jahre später war ich dafür bereit, innerlich und äußerlich. Ich hatte meine Beziehung gelöst, mich einer Ahnung folgend frei gemacht für diese Begegnung. Aber diese Chance ging an mir vorbei, weil ich in meine frühere Beziehung zurückkehrte, um es noch einmal zu versuchen. Dabei hatte sich diese Beziehung längst erfüllt. Wir hatten uns alles gegeben, was in dieser Partnerschaft möglich war, und jeder hätte in Liebe seinen Weg gehen können und sollen. So haben meine damalige Partnerin und ich nicht nur unsere eigene Entwicklung behindert und verzögert, sondern auch die unseres jeweiligen auf uns wartenden neuen Partners.

Ihr Seelenpartner ist Ihnen ein optimaler Spiegel, in dem Sie sich so klar erkennen wie nie zuvor. Sorgen Sie daher rechtzeitig dafür, dass Sie nicht erschrecken, wenn Sie die Wahrheit über sich erkennen, und dass die dann erforderlichen Schritte nicht zu groß sind. Besser, Sie tun diese Schritte vorher, dann können Sie Zeitpunkt und Länge bestimmen. Über einen Abgrund kann man nämlich nicht mit einigen kleinen Schritten gehen, man muss schon einen Sprung wagen, um hinüberzukommen.

Die Kunst, den Seelenpartner zu finden, besteht also in der richtigen Vorbereitung. Erst durch diese Vorbereitung kommen Sie ihm immer näher, weil Sie sich immer näher kommen, bis es nur noch ein kleiner Schritt ist. Sie müssen dazu nicht unbedingt vollkommen sein, aber vollkommen Sie selbst. Echt, ehrlich und authentisch. Denn im Spiegel Ihres Seelenpartners wird Ihnen jede Unechtheit, jede Unehrlichkeit schmerzhaft bewusst und ist nicht länger haltbar. Es kann natürlich auch sein, dass Sie zwar bereit sind, dass aber Ihr Seelenpartner noch einige Schritte tun muss, bevor *er* bereit ist. Lassen Sie ihm Zeit und bleiben Sie bereit.

Also sollten Sie zunächst einmal lernen, sich selbst glücklich zu machen. Dann braucht das Ihr Seelenpartner nicht mehr zu tun – welches Glück für ihn! Wer glücklich ist, wirkt anziehend auf das Glück und auf Glückliche. Sobald Sie in sich und mit sich selbst glücklich sind, werden Sie geradezu magnetisch für den anderen. Viele aber haben verlernt, wie man sich glücklich macht, und warten, meist unglücklich (und daher vergeblich) auf einen Retter, einen »Glücksbringer«, den Seelenpartner, der sie aus ihrer selbst geschaffenen Misere befreit.

Machen Sie es sich also zur Aufgabe (oder zur Lebensaufgabe), wirklich glücklich zu werden. Lernen Sie, immer genauer zu spüren, was dazu erforderlich ist, was zu tun, aber vor allem, was zu lassen ist. Finden Sie heraus, was Sie als unnötigen Ballast auf dem Weg zu sich selbst loslassen sollten. Lassen Sie wirklich alles los, was nicht mehr unbedingt zu Ihnen gehört, damit Sie leicht und frei den Weg gehen können – den Weg ins Glück für Sie *und* für Ihren Seelenpartner. Schaffen Sie sich die Lebensumstände, die Sie brauchen, um sich in sich selbst wohl zu fühlen, um Achtung vor sich selbst haben zu können. Jeder Tag ohne Freude ist ein verlorener Tag, ein nicht wirklich gelebter Tag. Wann immer Sie etwas tun, das Ihnen keine Freude bereitet, zeigt das, dass Sie sich noch nicht wirklich lieben. Das heißt jetzt nicht, dass Sie nur noch tun, wozu Sie gerade Lust haben, denn dann werden Sie nur der Sklave Ihrer Lust. Es heißt, das, was zu tun ist, wirklich mit Freude zu tun, einfach weil es zu tun ist und weil es stimmt.

Ihrem Seelenpartner sind Sie schon unzählige Male

begegnet, und zwar in den verschiedensten Rollen. Es war ein Freund, Ihr Bruder oder Ihre Schwester – vielleicht sogar der Partner, ohne dass Sie es wussten. Oder aber es war Ihr Chef, Ihr Kollege, vielleicht sogar Ihr Kriegsgegner. Und mit jeder Begegnung haben Sie mehr »abgeschliffen«, was Sie trennte. Die Vertrautheit wurde immer stärker, immer deutlicher, die Trennung immer schwerer. Und jeder trägt das Bild des anderen lebendig in seiner Seele. Über dieses Bild können wir jederzeit mit unserem Seelenpartner Kontakt aufnehmen, auch wenn er sich derzeit nicht auf der Erde befinden sollte. Ein »Ferngespräch« dauert nicht länger als ein »Ortsgespräch«. Sagen Sie ihm, wie bereit Sie sind, und fragen Sie ihn, wann er bereit ist, wann der richtige Zeitpunkt gekommen ist für Ihre letzte Begegnung. Denn wenn Sie wirklich ganz bereit sind, werden Sie sich nie mehr trennen. Sie werden schließlich wieder zu einem Wesen verschmelzen, sobald Sie die Hülle des Körpers abgelegt haben.

Die Seelenpartnerschaft

Haben Sie sich dann endlich getroffen, bleiben Sie frei von Erwartungen, damit Sie den gemeinsamen Weg, der nun vor Ihnen liegt, nicht behindern. Lassen Sie sich ganz auf ihn ein, brechen Sie alle Brücken hinter sich ab, lösen Sie jedes Wenn und Aber auf im liebevollen Miteinander. Wenn der Schlüssel wirklich ins Schloss passt, geht eine Tür auf – eine Tür zu einem neuen Leben. Ihre bisherigen Lebenserfahrungen können Ihnen auf diesem Weg nicht mehr helfen, also lassen Sie auch diese los, erfahren Sie gemeinsam alles neu.

Helfen Sie sich gegenseitig, die Wunden der Vergangenheit zu heilen, und lösen Sie gemeinsam die alten Verhaltensmuster und Prägungen auf, die noch geblieben sein könnten. Leben Sie wirklich miteinander, nicht mehr nur beieinander, nebeneinander her oder gar gegeneinander. Lassen Sie in einer wachsenden gemeinsamen Geschichte ein festes Fundament von Vertrauen und Liebe entstehen. Entdecken Sie sich miteinander immer mehr und erkennen Sie Ihr wahres Wesen. In dieser Erkenntnis kommen Sie sich immer näher und werden immer »stimmiger«. Das bleibt natürlich auch den anderen nicht verborgen, und so werden Sie unmerklich zum Vorbild, aber auch zur Hoffnung für alle, denen Sie begegnen.

Auf Ihrem Weg werden Sie eine ganz neue Form des Zusammenlebens entwickeln. Sie werden ganz neue Wege entdecken und gemeinsam gehen. Das Abenteuer des Lebens kann erst jetzt richtig beginnen. Sehr oft werden Sie auf diesem Weg eine gemeinsame Aufgabe erfüllen und miteinander Erfüllung finden, indem Sie diese erfüllen.

Die Kunst des Zelebrierens

Lernen Sie die Kunst, das Leben nicht nur zu meistern, sondern zu zelebrieren. Erkennen Sie das Geschenk des Augenblicks: Sie können mit einer schönen Zeremonie z. B. aus einer Tasse Tee ein Kunstwerk machen. Stellen Sie sich vor, wie Sie manche Tätigkeiten als Zeremonie erleben können, z. B. wie Ihnen Autofahren Freude machen kann. Durch die Kunst des Zelebrierens bekommen scheinbar unbedeutende Vorgänge auf einmal eine ungeheuere Bedeutung und eine gute Qualität. Vielleicht möchten Sie damit beginnen, Ihr ganzes Leben zu zelebrieren?

Der Ewige ist in dir – und nichts Äußeres
kann ihn dir noch näher bringen.
In Wahrheit ist Gott dein innerstes Sein.
Erkenne es – und du bist frei.
Hilarion

Die Aufgabe der Meisterschaft

Meisterschaft ist kein Geschenk, sondern eine Aufgabe. Geschenke können ziemlich teuer werden. Alle bisherigen Probleme wie Mangel, Leid, Ziele, Wünsche, Krankheit, Probleme, Angst und Fragen verschwinden. Das Genie erwacht, und Lösungen fallen Ihnen sofort ein. Menschenkenntnis wird bewusst, Sie durchschauen jeden, auch sich selbst. Geld, Besitz, Macht und Anerkennung werden uninteressant. Heitere Gelassenheit kommt auf.

Doch es beginnen auch Lektionen, gegen die das bisher Erlebte ein Kinderspiel ist: Sie werden von anderen Menschen nicht mehr verstanden, Bekannte wenden sich von Ihnen ab, eine neue Einsamkeit entsteht. Alte, ungelöste Aufgaben tauchen wieder auf. Es entsteht eine neue Verantwortung für alles. Lektionen von Ungerechtigkeit, Verleumdung usw. werden durchgemacht. Es gibt auch keine Auswahl mehr – es gibt nur noch das *Eine*.

Auf dem Weg zu sich selbst kommt noch ein Schritt, der für manche schmerzhaft ist. Es ist die geistige Abnabelung von der inneren Führung. Kleine Kinder werden geführt; Mama und Papa sind immer da. Wenn wir später Führung brauchen, dann ist es der innere Meister oder das hohe Selbst oder wie immer wir das nennen. Und irgendwann nach dem Schritt des Erwachsenwerdens erkennen wir, da ist keiner drin, das bin ich.

Ich führe mich, es ist sonst keiner da. Vielleicht vollziehen Sie auch die spirituelle Abnabelung von irgendeiner Führung und fangen an, Ihr Leben selbst zu führen. Jesus hat gesagt: »Ihr sollt vollkommen sein, wie der Herr im Himmel vollkommen ist.« Er hat nicht gesagt, ihr sollt vollkommen *werden*.

Man kann nämlich nicht vollkommen werden, wenn man es nicht ist. Wie sollte ein Unvollkommener voll-

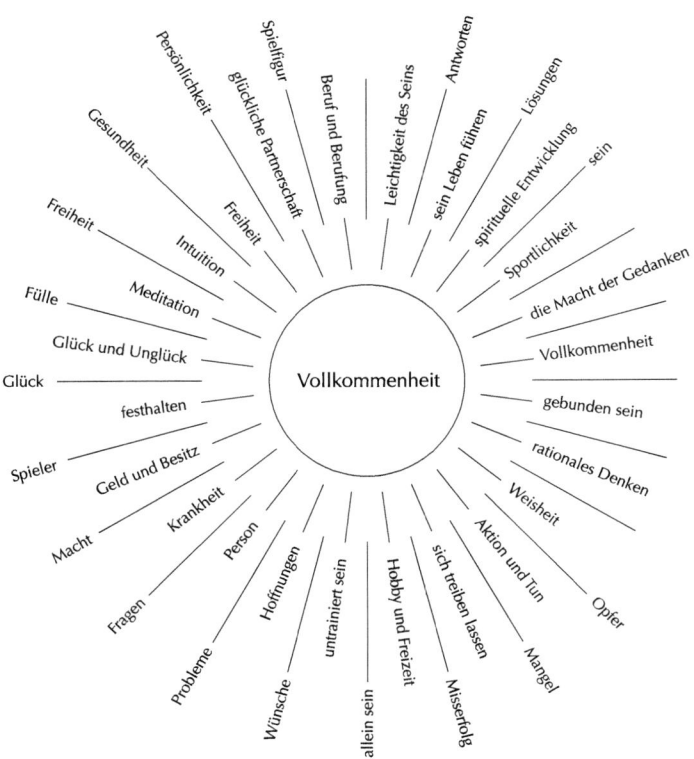

kommen werden? Das geht nicht. Wir können uns nur daran erinnern, dass wir es sind. Vielleicht ist das der wichtigste Schritt überhaupt, dass Sie erkennen, wer Sie von Ihrem wahren Wesen her sind, immer waren und immer sein werden. Stellen Sie sich einfach vor, Sie seien ein als Mensch verkleideter Gott, der in die Erfahrung als Mensch gegangen ist, um bestimmte Erfahrungen zu machen, die in der Vollkommenheit nicht möglich sind, wie zum Beispiel Mangel, Leid, Sehnsucht oder Hoffnung. Wenn ein Gott das erleben will, muss er schon einmal Mensch werden.

Wir haben ein ganz falsches Bild von Vollkommenheit. Für die meisten Menschen ist Vollkommenheit edel, gut, schön, rein, ideal. Das ist natürlich überhaupt nicht vollkommen, sondern sehr einseitig. Zur Vollkommenheit gehören auch scheinbar negative Dinge. Die Vollkommenheit beinhaltet vollkommen alle Möglichkeiten. Aber Sie wählen, welche Erfahrungen Sie in Ihr Leben ziehen und was zu Ihnen gehört. Das ist Ihre Wahl!

Geschenkte Gesundheit durch Identitätswechsel

Solange Sie sich mit Ihrem Körper identifizieren, sagen Sie wahrscheinlich »Ich habe Kopfschmerzen…« oder »Ich bin krank«. Wenn Sie das sagen, verursachen Sie damit, dass Sie krank sind. Der wichtigste Schritt zur Gesundheit ist also zu erkennen: Ich bin nicht mein Körper, ich *habe* einen Körper. Ich bin Bewusstsein, Bewusstsein ist vollkommen, Bewusstsein kann nicht krank werden. Also war ich, Bewusstsein, noch nie krank. Ich werde auch nie krank werden. Mein Körper hat schon mal dies und das, ich aber bin gesund. Mit diesem Identitätswechsel sind Sie in der Situation (auch wenn Sie gerade ein Symptom oder Schmerzen haben), ehrlichen Herzens zu sagen: »Ich bin vollkommen gesund. Mein Körper hat mir gerade diese oder jene Botschaft geschickt, ich aber bin gesund.«

Und jetzt kommt das Wunder: Wenn Sie das jetzt so vollzogen haben, nehmen Sie (als Bewusstsein) Ihren Körper einmal voll in Besitz, durchdringen und erfüllen den ganzen Körper mit »Ich bin«. Und im gleichen Augenblick beginnt Ihr Körper zu heilen. Denn sobald vollkommenes, heiles Bewusstsein Ihren ganzen Körper durchdringt, muss der Körper das als Gesundheit widerspiegeln. Symptome verschwinden, Schmerzen klingen aus. Das Heilsein Ihres wahren Wesens erfüllt Ihren Körper, und so können Sie gesund sein durch Ihren Identitätswechsel. Kehren Sie nie wieder zurück in die Identifikation mit Ihrem Körper und sagen Sie nie wieder »Ich habe Schmerzen« oder »Ich habe mir ein Bein gebrochen«, sondern »Ich bin vollkommen gesund. Mein Körper hat... dies oder das. Ich aber bin gesund.«

Geschenkte Gesundheit durch altersloses Leben

Gehen wir noch einen Schritt weiter: Spüren Sie einmal das Alter Ihres Bewusstseins, Ihr wahres Alter. Wenn man das in Lebensqualität übersetzen wollte – welchem Alter entspricht das in etwa? 30 oder 26? Fühlt sich das Bewusstsein nicht genauso an mit 17 wie mit 70?

Vollziehen Sie jetzt auch diesen Schritt. Bleiben Sie in dem Bewusstsein »Ich bin vollkommen gesund« und »Ich bin ohne Alter«. Ihr Geburtsdatum betrifft nur das Baujahr Ihres Körpers, nicht Ihr Alter. Leben Sie einmal als gesundes Bewusstsein »alterslos« in diesem Körper, und im gleichen Augenblick beginnt Ihr Körper auch das widerzuspiegeln. Äußerlich altert der Körper natürlich – er folgt seinen Gesetzmäßigkeiten, aber von Ihrem wahren Sein her sind Sie 30 und Sie bleiben das bis 100 und länger. Das heißt also, leben Sie nicht nur vollkommen gesund, sondern leben Sie auch Ihr wahres Alter.

Dummerweise werden wir immer am Geburtstag gefragt: »Wie *alt* bist du geworden?« Darauf könnten wir auch antworten: »Ich bin nicht alt geworden, sondern mein Körper ist gerade 77 geworden.« Also trennen Sie auch das! Leben Sie alterslos, dann sind Sie nämlich auch Ihr Alter los.

Lebe – dein – Leben!

Gönnen Sie sich noch etwas Schönes: Schaffen Sie sich Ihre eigene Lebensphilosophie. Ich habe mir eine Lebensphilosophie in drei Worten geschaffen, die alles aussagen: »*Lebe dein Leben.*«

Da heißt es zunächst einmal: *Lebe!* Kann ich das, was ich täglich tue, leben nennen? Oder existiere oder funktioniere ich bloß? Was könnte ich tun, um wirklich zu leben? Habe ich heute schon gelebt oder war ich nur da? Wie könnte das aussehen, wenn ich ab sofort anfange zu leben? Was würde das denn beinhalten? Freude? Bedingungslose Liebe? Ganz gleich, was Ihnen hierzu einfällt – Sie können es tun, Sie brauchen es nur zu wählen. Definieren Sie also, was es für Sie heißt zu leben, und sorgen Sie dafür, dass es für Sie tagtäglich geschieht. Und: Leben kann man nur jetzt.

Dann heißt es: Lebe *dein* Leben. Leben Sie wirklich Ihr Leben? Oder ist es das, was Ihr Partner, Ihr Chef, Ihre Kinder von Ihnen erwarten? Also prüfen Sie einmal, wo Sie etwas tun, was Sie eigentlich gar nicht möchten. In welchen Situationen lassen Sie sich vielleicht ganz liebevoll von jemandem »vergewaltigen«, indem Sie sich z. B. überreden lassen, doch noch etwas zu essen oder doch noch ein bisschen länger zu bleiben? Wo lassen Sie sich in die Pflicht nehmen?

Wenn Sie zu häufig nur den anderen zuliebe Ihr

Leben ausrichten, werden Sie merken, dass Sie bald verschnupft sind und buchstäblich »die Nase voll haben«. Wenn Sie schon so deutliche Zeichen bekommen, wird es Zeit, dass Sie mehr auf sich achten und das, was für Sie nicht stimmt, drastisch reduzieren. Beenden Sie einfach dieses Spiel. Dort, wo's nicht stimmt, sagen Sie einfach nein. Fangen Sie an, echt, ehrlich und authentisch zu sein. Dann werden Sie sich in sich wohl fühlen – weil es stimmt.

Was ist schließlich *Leben?*

Leben ist das Wirken der *einen Kraft*, die wir Gott nennen. Da sie in allem ist, lebt alles. Leben bedeutet Bewegung, Flexibilität, Freiheit, Fließen, Geschehen, sich vollkommen auf das lebendige Tao einzulassen. Leben ist nur *jetzt*. Ich kann also nur »hier und jetzt« leben, nicht vorhin und nicht nachher. Leben bedeutet ständige Veränderung. Nichts kann so bleiben, wie es derzeit ist. Alles wandelt sich ständig. Wo immer ich festhalte oder stehen bleibe, verhindere ich Leben. Leben heißt also, ständig *stimmig* zu sein, im Ein-Klang mit dem Ganzen und damit auch mit sich selbst, *eins* werden mit der ständigen Veränderung. Selbst zum Tao werden. Leben bedeutet natürlich auch, den Weg zu genießen.

Leben als Meister heißt tun, was stimmt

Wenn Sie als Meister leben wollen, dann sollten Sie sich auch verhalten wie ein Meister. Dazu eine kleine Geschichte:

Ein Vogel gelangte zu Fuß an einen Wald, den er durchqueren musste, um sein Ziel zu erreichen. Da er nicht wusste, wie er das dichte Unterholz überwinden sollte, fragte er einen Elefanten, der gerade des Weges kam. Der sagte: »Es gibt nur einen Weg, durch den Wald zu gelangen, nämlich mit voller Kraft hindurchzubrechen«, und trampelte krachend die Büsche nieder. Doch als der Vogel es ihm nachtun wollte, schlugen ihn die elastischen Äste und Zweige erbarmungslos zurück. Als Nächstes fragte der Vogel einen Affen. »Es gibt nur einen Weg, durch den Wald zu gelangen, nämlich sich von Ast zu Ast durch die Baumkronen zu schwingen«, sagte der Affe und führte es auf eindrucksvolle Weise vor. Aber auch diese Methode wollte dem Vogel nicht gelingen, also fragte er eine Schlange. »Es gibt nur einen Weg, durch den Wald zu gelangen, nämlich sich still durch das Unterholz zu winden«, riet die Schlange und verschwand zwischen den Büschen. Der Vogel vermochte ihr nicht zu folgen. Es gelang ihm auch nicht, es dem Fisch nachzutun, der den Wald in einem Bach durchschwamm, oder der Antilope, die elegant in hohen Sprüngen über die Büsche hinwegsetzte. Zuletzt fragte er einen anderen Vogel. Der lachte nur und sagte: »Warum fliegst du nicht, wie es sich für einen Vogel gehört?«

Genau das sollten Sie auch tun. Machen Sie es einfach so, wie es sich für einen Meister gehört. Tun Sie das, was stimmt.

> Ihr sagt zu mir Meister und Herr und nennt
> mich mit Recht so, denn ich bin es.
> Wenn nun ich, der Herr und Meister,
> euch die Füße gewaschen habe, dann müsst
> auch ihr einander die Füße waschen.
> Ich habe euch ein Beispiel gegeben, damit auch
> ihr so handelt, wie ich an euch gehandelt habe.
> *Jesus*

Märchenhaftes Leben – meisterhaftes Leben

Zu einem meisterhaften Leben gehört für mich unverzichtbar, märchenhaft zu leben. Bis jetzt sind wir die Schritte durchgegangen, um gesund und erfolgreich zu sein, genügend Geld zu haben, in der Fülle zu leben, wirklich zu leben.

Der erste Schritt zu diesem märchenhaften Leben ist,

sich bewusst zu machen: Ich habe die Wahl. Das Leben wartet auf meine Anweisungen, also sollte ich ihm sagen, was geschehen soll.

Der zweite Schritt ist, immer – bei allem, was ich tue – im Bewusstsein zu bleiben. Das Leben ist ein Spiel, also sollte ich spielen, denn das Leben meistert man spielend oder überhaupt nicht. Also prüfen Sie noch einmal: *Spielen* Sie wirklich oder *arbeiten* Sie noch gelegentlich?

Der dritte Schritt ist das Richten der Aufmerksamkeit zur Bestimmung der Realität. Nutzen Sie dieses wichtige Werkzeug. Probieren Sie es gleich noch einmal: Nehmen Sie irgendetwas in Ihr Bewusstsein, was nicht stimmt, ziehen Sie Ihre Aufmerksamkeit ab und richten Sie diese auf eine Lösung, wie Sie sie gerne hätten, und – bleiben Sie dabei!

Der vierte Schritt betrifft noch einmal das Loslassen. Lassen Sie vor allen Dingen diese ärgerlichen kleinen Dinge aus Ihrem Alltag los. Sind Sie bereit, das Ärgern restlos zu verlernen? Sie verlernen das Ärgern durch Vorauserleben, indem Sie sich vorstellen, wie Sie von jetzt an mit ärgerlichen Situationen umgehen.

Das Geheimnis der Sympathie

Haben Sie schon einmal versucht, ganz besonders sympathisch zu sein? Wie machen Sie das? Sie werden sympathisch, indem Sie den *anderen* sympathisch finden.

Dabei brauchen Sie ihn nicht insgesamt sympathisch zu finden, wenn Ihnen nicht alles an ihm gefällt. Finden Sie irgendetwas, was Sie ehrlichen Herzens für sympathisch an ihm halten. Im gleichen Augenblick entsteht diese energetische Brücke der Sympathie. Der andere spürt das und findet *Sie* sympathisch. Das erleichtert natürlich das Leben. Und wenn Sie sich das zur Gewohnheit machen, dass Sie automatisch ab jetzt bei jedem Menschen etwas gut finden, erleben Sie plötzlich, dass Sie nur noch sympathischen Menschen begegnen. Das Leben wird unglaublich faszinierend – und vor allen Dingen: Die anderen mögen Sie immer mehr, man findet Sie immer sympathischer.

Zur Übung probieren Sie das am besten bei der nächsten Gelegenheit in Ihrem Bekanntenkreis aus – am besten mit genau dem Menschen, der Ihnen am schwierigsten erscheint. Finden Sie an ihm irgendetwas, was Ihnen ehrlichen Herzens gut gefällt. Sie werden bemerken, die Menschen haben danach das Bedürfnis, Ihnen irgendwie behilflich zu sein, weil sie das Gefühl haben, Ihnen irgendetwas zu schulden. Es ist natürlich nicht so. Aber man wird Ihnen ganz automatisch dabei helfen, noch erfolgreicher zu werden. Der andere überlegt nämlich, was er für Sie Gutes tun könnte, denn einfach so ist das für ihn noch nicht erledigt.

Sympathie und Wohlwollen

Gehen wir noch einen Schritt weiter. Seien Sie noch einmal ganz bewusst sympathisch und richten Sie Ihre Aufmerksamkeit auf das, was Sie ehrlichen Herzens gut am anderen finden. Und in dieser Sympathie gehen Sie jetzt noch einen Schritt weiter: Seien Sie nicht nur sympathisch, sondern liebevoll. Fühlen Sie einmal Wohlwollen für den anderen. Leben Sie einmal »Wohl wollend«.

Anweisungen an das Leben

Wenn Sie wollen, gehen Sie, nachdem Sie Erfahrung mit den Themen »Sympathie und Wohlwollen« gemacht haben, noch einen Schritt weiter: Leben Sie einmal eine Minute lang als Meister mit dem Bewusstsein: liebevoll – sympathisch – wohlwollend. In diesem Bewusstsein geben Sie Ihrem Leben die richtigen Anweisungen.

1. Anweisung: **Zielklarheit**
Schaffen Sie in jedem Bereich Zielklarheit. Es hilft nichts, wenn Sie sich bewusst machen, dass Sie z. B. einen neuen Arbeitsplatz oder eine neue Wohnung brauchen, sondern machen Sie das ganz genau: Was – wie – wo –

wann? Die meisten wissen immer nur, was sie nicht wollen. Sie sollten wissen, was Sie wollen.

2. Anweisung: **Abziehen der Aufmerksamkeit** *von dem, was nicht sein soll*
Lassen Sie nie wieder in Ihrem Leben zu, dass Ihre Aufmerksamkeit länger als zwei bis drei Sekunden bei einem Problem, bei einer Schwierigkeit, einer unerwünschten Situation bleibt, damit dort gar nicht erst schöpferische Energie hinfließt. Richten Sie Ihre Aufmerksamkeit auf das, was sein soll.

3. Anweisung: **Vorauserleben**
Erleben Sie zum Beispiel in Gedanken voraus, wie Sie mit einer eigentlich ärgerlichen Situation souverän, gelassen und mit innerer Heiterkeit umgehen. Indem Sie das wiederholen, verankern Sie dies als neue Verhaltensweise.

4. Anweisung: **Herträumen**
Vielen Menschen ist der Unterschied zwischen herträumen und wegträumen nicht klar. Mit dem Wegträumen verhindern Sie genau das, was Sie gerne hätten: »Das wäre schön, wenn ich sechs Richtige im Lotto hätte...« Herträumen ist ganz einfach. Ich versetze mich in die Situation, dass es bereits *ist*, erlebe in meiner Vorstellung den gewünschten Endzustand. »Ich bin am Ziel...« – »Ich habe es erreicht...« Das machen Sie so lange, bis das Gefühl von Dankbarkeit kommt.

5. Anweisung: **Ihr Selbstbild**
Wie denken und reden Sie von sich? Viele Menschen sprechen dauernd leise oder halblaut vor sich hin »Na, das haste ja wieder toll hingekriegt… dusseliger kann man sich ja nicht anstellen…« – »Mein Gott, wann wirst du das endlich mal kapieren!« Wenn man so mit sich spricht, muss das Selbstbild natürlich am Boden sein. Führen Sie doch einmal ein Selbstgespräch mit sich als Gott! Sie erkennen sich als Gott an und sprechen als Gott mit sich: »Also, wie möchtest du denn das gerne? Soll ich dir diese Anweisung geben oder möchtest du lieber…?« – »Wie wäre es denn, wenn…?« – »Wir könnten doch auch…!« Sprechen Sie ganz achtungsvoll, wie mit einem sehr lieben Menschen! Spüren Sie dann einmal, wie gut das tut, so mit sich zu sprechen.

6. Anweisung: **Stimmig leben**
Was ist das für Sie, stimmig leben? Beginnen wir einmal mit der Wahrnehmung von Energie. In der Schule haben wir gelernt, dass wir fünf Sinne haben, aber wir haben natürlich sehr viel mehr, zum Beispiel den Gleichgewichtssinn. Viele haben auch einen gut ausgeprägten Geschäftssinn, manche haben einen Leichtsinn. Wir alle verfügen über einen Energiewahrnehmungssinn, den wir dafür benötigen, alle Entscheidungen eindeutig, zuverlässig und für immer klar treffen zu können.

Wie man »Richtig« und »Falsch« eindeutig unterscheiden kann

Zu einem Leben als Meister gehört, dass wir in der Lage sind, alle unsere Entscheidungen stimmig zu treffen. Wenn sich etwas als energetisch »richtig« darstellt, braucht eine bereits getroffene Entscheidung nie wieder infrage gestellt zu werden.

1. Schritt
Nehmen Sie sich erst einmal energetisch wahr. Geben Sie sich, wenn Sie wollen, Eigenschaften (ruhig, aufgeschlossen, präsent, usw.). Finden Sie einfach heraus, wie Sie sich im Moment energetisch anfühlen.

2. Schritt
Nehmen Sie eine Information in Ihr Bewusstsein, die absolut falsch ist (z. B.: heute ist Dienstag, ich bin 17 Jahre alt), und machen Sie sich bewusst, was sich energetisch ändert, wenn Sie etwas ins Bewusstsein nehmen, was nicht stimmt.

3. Schritt
Nehmen Sie etwas ins Bewusstsein, was absolut richtig ist (z. B.: heute ist Samstag, mein Name ist Angelika, ich wohne in Konstanz), und spüren Sie nun den Unterschied. Wie fühlt sich für Sie »Richtig« an? Wie fühlt sich »Falsch« an? Wichtig dabei ist, dass Sie – ganz für

sich – den Unterschied deutlich spüren. Üben Sie öfter, wie sich beides energetisch anfühlt, und machen Sie sich den eindeutigen Unterschied bewusst, damit Sie unmissverständlich unterscheiden: »Für mich fühlt sich ›Richtig‹ so an und ›Falsch‹ so.« Für den einen ist das »weit und eng«, für den anderen »warm und kalt« oder »weich und strubbelig«… usw. Bei jedem wird es anders sein. Es mag sogar sein, dass Sie Ihre Eindrücke nicht einmal beschreiben können. Das macht überhaupt nichts – es ist dabei nur wichtig, dass Sie die Energien eindeutig unterscheiden.

4. Schritt
Nehmen Sie eine anstehende Entscheidung in Behauptungsform ins Bewusstsein, also: »Es ist für mich richtig, die Stelle in München anzunehmen«, »Es ist für uns richtig, dass wir jetzt heiraten«. Nehmen Sie zum Vergleich eine bereits richtig gefällte Entscheidung und spüren Sie ganz eindeutig den Unterschied zwischen Richtig und Falsch. Dann entscheiden Sie sich. Manchmal sind Sie sicherlich verblüfft, aber Sie werden erkennen, dass eine solche energetische Entscheidung immer stimmt, auch in Zukunft. Sie stimmt, weil sie mit Ihnen im Einklang ist. Falls Sie eine Zeit lang keinen Gebrauch von dieser Methode gemacht haben, können Sie sich jederzeit wieder neu eichen, indem Sie ein paar falsche und ein paar richtige Dinge ins Bewusstsein nehmen – so lange, bis Sie wieder ganz lebendig den Unterschied spüren.

Der ideale Tagesablauf eines Meisters

Machen Sie die nachfolgenden Dinge zur Gewohnheit, damit sie zum festen Bestandteil Ihres Lebens werden können:

1. Natürlich aufwachen. Lassen Sie sich nicht mehr vom Wecker wecken. Gehen Sie so rechtzeitig ins Bett, dass Sie viel zu früh aufwachen und morgens Zeit haben.

2. Beginnen Sie jeden neuen Tag als Meister, gehen Sie in Einklang mit sich selbst und machen Sie sich bewusst: *Ich bin!*

3. Segnen Sie den Tag und nehmen Sie sich Zeit dafür. Segnen Sie Ihren Körper, jede einzelne Zelle Ihres Körpers, Ihre vollkommene Gesundheit, Ihren Partner/Ihre Partnerin, die Eltern, Ihre Familie, die Firma, Ihre Absicht, Ihr Vorhaben, eine Autofahrt, ein Ziel, Ihr Essen und Trinken, alles. Gehen Sie in einen gesegneten Tag und leben Sie ein segensreiches Leben.

4. Segnen Sie jeden, der Ihnen begegnet. Leben Sie ein segensreiches Leben.

5. Duschen Sie mit Licht – und lassen Sie dieses Licht zu jeder einzelnen Zelle strömen.

6. Essen und trinken Sie nur noch Gesegnetes.

7. Gewinnen Sie, bevor Sie beginnen. Nehmen Sie den gewünschten Ausgang von einem Vorhaben schon vorher in Besitz.

8. Seien Sie in Frieden mit allem, was ist.

9. Bleiben Sie gelassen. Geben Sie Widerstand und Urteil auf; es gibt dann keine Meinung, kein Nachdenken, keinen Standpunkt. Sie nehmen einfach nur noch wahr und sehen, was ist.

10. Leben Sie Vollkommenheit. Sie sind Bewusstsein, Sie sind gesund. Als gesundes Bewusstsein nehmen Sie Ihren Körper in Besitz und durchdringen jede Zelle mit »Ich bin«. Im gleichen Augenblick beginnt Ihr Körper zu heilen.

11. Leben Sie alterslos.

12. Erleben Sie sich morgens eine Minute lang in einem vollkommenen Zustand: vollkommen gesund, vollkommen glücklich, vollkommen vital, voller Freude. Indem Sie sich mit dieser Energie erfüllen, ändert sich die Schwingung Ihres Energiekörpers, und es wird Realität.

13. Seien Sie innerlich geistig präsent – seien Sie ganz da. Alles, was Sie tun, wird damit zum bewussten Sein.

14. Treten Sie ab jetzt jedes Mal, wenn Sie durch eine Tür gehen, in einen Raum höheren Bewusstseins. Es ist unglaublich, was mit Ihnen geschehen wird: abends fühlen Sie sich wie ein Gott.

15. Alles Werden ist Illusion. Machen Sie sich bewusst: Alles, was Sie werden können, sind Sie *jetzt*. Hören Sie auf zu werden und fangen Sie an zu sein.

16. Genießen Sie das Leben, genießen Sie den Augenblick. Leben ist eine ewige Premiere. Jeder Moment ist in diesem Augenblick.

17. Segnen Sie Ihre Beziehung und Ihren Partner. Ein

geheimnisvoller Zauber erfüllt das Miteinander, und Sie leben plötzlich gemeinsam wie in einer anderen Welt. Wenn Sie alleine sind und den idealen Partner noch nicht gefunden haben, dann segnen Sie ihn herbei, indem Sie Ihre ideale Beziehung segnen.

18. Verändern Sie alles segensreich.
19. Erleben Sie abends in einer Tagesrückschau, dass Ihr ganzer Tag segensreich war.

Sind Sie bereit für ein Leben als Meister?

Geschichte eines Suchenden

Es war einmal ein Mann, der durchreiste viele ferne Länder, bestand Abenteuer, begegnete vielen interessanten Menschen und Meistern und führte tiefsinnige Gespräche. Eines Tages kam er an ein Haus und wusste »Hier wohnt Gott.« Voller Freude ging er die Stufen hoch und wollte gerade klopfen, da wurde ihm bewusst: »Wenn ich jetzt klopfe, und Gott macht auf, dann ist ja meine wunderbare Reise zu Ende!« Keine Reisen mehr, keine interessanten Begegnungen, keine Abenteuer, diese Hoffnung, diese Sehnsucht, diese Suche... Er war nicht bereit, darauf zu verzichten. Er zog sich die Schuhe aus und schlich ganz langsam die Stufen hinunter, ohne angeklopft zu haben, und machte sich wieder auf die Suche. Er wusste, er konnte überall suchen und würde finden – nur hier durfte er nicht suchen, hier würde er finden.

Prüfen Sie einmal, ob Sie wirklich bereit sind, als Meister zu leben! Sie werden sich ungeheuer wohl in sich fühlen, aber Sie werden eine Ego-Revolte erleben. Ihr Ego wird öfter einmal nicht einverstanden sein. Sind Sie wirklich bereit? Was ist das wirklich Wesentliche in Ihrem Leben? Worum geht es denn in Ihrem Leben?

> Öffne das innerste Tor deines Herzens.
> Denn hinter ihm steht Gott.
> Das Herzens-Sein ist das wirkliche Sein.
> *Hilarion*

Meister-Training

- Ich mache mir bewusst: »*Ich bin!*«
- Ich atme und sitze als Meister.
- Ich finde meine Mitte.
- Ich übe auf einem Bein zu stehen und pendle mit dem Körper.
- Ich schreibe ein Buch: »Mein Weg zur Erleuchtung« oder »Mein Leben als Meister«.

- Ich unterstütze mein Tun durch positive Gedanken: beim Duschen = *bereinigen,*
  auf der Toilette = *loslassen (Vergangenheit, Schmerzen, usw. – alles, was nicht zu mir gehört).*
- Ich esse und trinke als Meister. Was esse ich? Und wie?
- Ich schlafe meisterhaft.
- Ich blicke als Meister auf eine schwierige Situation.
- Ich gehe durch eine Tür in ein Leben als Meister.
- Ich finde Affirmationen und baue sie in meinen Alltag ein.
- Ich erinnere mich an die Wirklichkeit. Ich *bin* der Meister.
- Ich erfinde meine Übungen selbst.
- Mit jedem Atemzug werde ich meisterlicher.
- Ich schaffe eine Meister-Atmosphäre, zu Hause, am Arbeitsplatz, überall.
- Ich segne jeden und alles, was mir begegnet.
- Ich heile, was zu heilen ist.
- Intuition ist ein wichtiger Bestandteil in meinem Leben, und ich werde immer intuitiver.
- Ich bin gleichzeitig ich und ich selbst und schaue mir dabei ständig über die Schulter.
- Ich bin mein eigener Schutzengel.
- Ich erkenne: Ich suche immer nur mich selbst, alles, was geschieht, will mich zu mir selbst führen.
- Ich mache mir bewusst: Meisterschaft besteht nicht aus der großen Summe dessen, was man weiß, sondern aus den vielen kleinen Schritten, die man tut.

Ein buddhistisches Ritual:

1. Ich bin das Eine   *(Hände falten)*
   und bin das Ganze   *(Handrad)*

2. Ich bin Himmel   *(eine Hand hoch)*
   und Erde   *(eine Hand herunter)*
   Yin und Yang   *(gleiche Bewegung)*

3. So schaffe ich alles   *(Hände erheben)*
   und zerstöre alles   *(Hände herunter)*
   baue es wieder auf   *(Hände erheben)*
   und zerstöre es wieder *(Hände herunter)*

4. Ich bin ewig   *(eine Hand waagrecht führen)*
   ich bin universell   *(eine Hand senkrecht führen, ergibt ein Kreuz)*
   und doch bin ich nichts *(beide Hände herunter)*

Beten als Meister

Viele Menschen beten, und das ist sicher etwas Gutes. Aber was macht ein Meister? Wenn man betet, dass sich ein Wunsch erfüllen möge oder dass ein Übel abgewendet oder eine Not beseitigt werde, so beruht das auf dem Irrglauben, Gottes Schöpfung verbessern zu können. Das gilt auch für ein Gebet, Gott möge etwas tun, schicken oder heilen. Solange sich ein Gebet mit einem Problem oder einem Übel befasst, befasst es sich nicht mit der Realität, und wir haben gar nicht wirklich gebetet.

Die alte Art zu beten, trennt uns von Gott und schließt Erfüllung aus. Denn wenn ich nur sage »lieber Gott«, habe ich mich gerade von ihm getrennt. Ich habe ihn gerade irgendwohin gedacht als jemand anderen (als höchstes Bewusstsein oder wie auch immer), und ich bin hier. Dann sind wir zwei. Ich habe mich mit diesem ersten Wort mit Gott entzweit. Kann ich deshalb als Meister noch so beten?

»Vater und ich bin eins«

»Lieber Gott, bitte mach, dass...«, »lieber Gott, ich hätte gerne...« – viele Menschen verwechseln Gott mit Neckermann und das Gebet mit einem Warenbestellschein.

Was ist eigentlich wirklich beten? Ein Bitten? Sprechen mit Gott? Schweigen mit Gott?

Ein Gebet ist Zuhören, was Gott mir sagt. Ein Gebet ist Danken. Aber ein wahres Gebet ist Sein. Das ganze Leben im So-sein ist ein Gebet, denn nicht unsere Worte zählen, sondern nur unser Sein, Ebenbild Gottes sein, so sein, wie der Vater im Himmel vollkommen ist. Alle anderen Formen von Beten trennen uns von Gott. Wir erschaffen damit nämlich ein Ich, das bittet, zuhört oder dankt, und einen Gott, an den es sich richtet. Genau dies bedeutet aber Trennung (also Sünde), und die Sünde der Trennung beendet die Erkenntnis von »Vater und ich bin eins«. Beten ist also der Weg durch die Illusion der Trennung nach Hause in die Erkenntnis des »Ich bin«. Wenn ich in der Erkenntnis bin, wer sollte da zu wem beten? Und um was? Und warum?

Gebet

Eins bin ich, Gott,

mit dir und deiner heilenden Kraft.

Dein Wille und deine Weisheit walten in mir.

Dein Wille geschehe in mir und durch mich.

Gott in mir ist mein Heil und mein Heiler.

Gott in mir heilt und heiligt mich.

Amen.

Erfüllung durch den Augenblick (Meditation)

Ich mache es mir einmal ganz bequem,
gestatte meinem Körper vollkommen bewegungslos zu sein,
schließe meine Augen und bin ganz bewusst hier.

Erlebe »Ich bin«.
Nehme einfach bewusst wahr, was ist,
und erkenne: Ich kann gar nicht anders als zu sein.
Ich bin mit den anderen ganz bewusst hier,
   bin ganz bewusst in diesem Augenblick,
spüre bewusst, dass ich bin und *wo* ich bin.
Wo ich in *mir* bin.
Und versuche einmal meine Grenzen zu spüren
und erkenne, da sind gar keine Grenzen. Ich bin grenzenlos.
Ich bin überall und in allem.
Ich bin frei von Raum und Zeit.
Und nun gehe ich einmal zurück bis an den Anfang,
gehe immer weiter zurück und erkenne, da ist kein Anfang.
Ich war schon immer und werde immer sein.
Noch nie hat es eine Zeit gegeben, in der ich nicht war,
und nie wird es eine Zeit geben, in der ich nicht bin.
Denn ich bin.
Und ich gehe einmal in die Zukunft,
über den Tod dieses Körpers hinaus und erlebe,
ich bin noch immer,
und erkenne, Vergangenheit, Gegenwart und Zukunft ist Illusion.
In Wirklichkeit ist alles jetzt – in diesem Augenblick,
   denn ich erlebe es ja jetzt.
Alles, was war, ist und sein wird, ist jetzt.
Alles, was ich suchen und erstreben und verwirklichen kann,

ist in diesem Augenblick,
und alles liegt in mir selbst,
denn ich bin alles
und ich genieße es zu sein – *Ich bin* zu sein.
Und ich erkenne, ich stimme so, wie ich bin,
und die Schöpfung braucht mich so, wie ich bin.
Nur so kann ich meine einmalige Bestimmung erfüllen,
und das ist der Sinn, als *Ich bin* zu sein, der ich bin.
Und ich erkenne, ich bin frei, ich kann denken und schöpfen, was ich will.
Und in diesem Bewusstsein trete ich als neuer Mensch hinaus in ein neues Leben.
Wann immer ich bereit bin, öffne ich meine Augen,
aber bleibe in diesem Sein.
Ich bin in Raum und Zeit
in der Dualität als *Ich bin.*
Ich bin in dieser Welt, aber nicht von dieser Welt.
Ich lebe von nun an in der Wirklichkeit des Seins.
Es gibt kein Ziel mehr, denn ich bin das Ziel,
also braucht es auch keinen Weg und keine Schritte.
Mein Weg ist es von nun an, in jedem Augenblick am Ziel zu sein,
im Hier und Jetzt als ich selbst.
In diesem Bewusstsein gehe ich von nun an durch mein Leben.
In diesem Bewusstsein erfülle ich meine Aufgabe
und in diesem Bewusstsein bin ich hier und jetzt.
Wann immer ich bereit bin, öffne ich meine Augen
und bin ganz da, bereit für mein neues Leben.

> Höchster, glorreicher Gott,
> erleuchte die Finsternis meines Herzens
> und schenke mir rechten Glauben,
> gefestigte Hoffnung, vollendete Liebe
> und tiefgründige Demut.
> Gib mir, Herr, das Empfinden und Erkennen,
> damit ich den heiligen Auftrag erfülle,
> den du mir in Wahrheit gegeben hast.
> Amen.
> *Gebet des Heiligen Franz von Assisi vor dem Kruzifix
> im Kirchlein von San Damiano*

Der Segen eines Meisters

*Mit diesem Segen kommen Sie
in eine ungewöhnlich hohe Schwingung.*

*Ich bin vollkommenes ewiges Bewusstsein.
Ich wurde weder geboren, noch kann ich alt oder krank werden,
noch kann ich sterben, denn ich bin.
Ich war immer und werde immer sein, denn ich bin.
Ich bin in diesen Körper gegangen, in dieses Leben
mit einer bestimmten Absicht.*

Ich segne meine Lebensabsicht und ich segne meinen Körper,
ich segne jede Zelle meines Körpers.
Ich segne alles, was ich esse und trinke,
und ich esse und trinke ab jetzt nur noch Gesegnetes.
Ich segne jeden Atemzug, den ich mache,
ich segne alles, was ich denke, fühle, sage und tue.
Ich segne jeden, der mir in diesem Leben begegnet
oder der in mein Bewusstsein tritt.
Ich segne die Gesundheit meines Körpers,
seine Vitalität und meine Lebensfreude.
Ich segne meine Vergangenheit und meine Zukunft und
ich segne das Verlassen dieses Körpers, wenn ich meine Aufgabe erfüllt habe.
Ich segne diesen Augenblick und das ewige Jetzt.
Ich lebe ein segensreiches Leben in einem gesegneten Körper
und bin ein Segen für jeden, der mir begegnet oder in mein Bewusstsein tritt.
Ich segne mein wahres Wesen, meine Aufgabe und meinen Weg
und jeden Augenblick in diesem gesegneten Leben.

Die innere Gewissheit

Erst in der Gedankenstille, in diesem Ich-bin-Bewusstsein, entfaltet sich die natürliche Intelligenz des Menschen. Das Denken entfällt und wird umfassend ersetzt durch die Wahrnehmung. Konzentration wird zur Achtsamkeit, und die führt zu Bewusstsein. In diesem

Bewusstsein ist ein umfassendes Wissen verfügbar, das Sie nicht zu lernen brauchen. Da es kein Wort dafür gibt, habe ich es für mich »innere Gewissheit« genannt. Das heißt, Sie wissen plötzlich, wie eine Sache ausgeht, wie etwas geschieht, wie etwas passiert, und Sie wissen, *dass* Sie es wissen, und kein Argument kann Sie davon wegbringen.

In diesem Ich-bin-Bewusstsein können Sie Ihr Bewusstsein richten auf was immer Sie wollen, und es entsteht die innere Gewissheit. Wenn Sie etwas wissen wollen, das in dieser Welt kein Mensch wissen kann, halten Sie inne, kommen Sie in Einklang mit »Ich bin« und richten Sie Ihr Bewusstsein auf die Frage. Halten Sie Ihr Bewusstsein gerichtet, bis die innere Gewissheit einsetzt und Sie wissen. Sie können sich jede Frage beantworten. Sie können damit auch in die Zukunft schauen, Sie können wahrnehmen, was immer Sie wollen.

Wahres Wissen ist nicht etwas, das man sich aneignen kann, es ist etwas, das unmittelbar durch Erleben zu uns spricht, das uns ergreift, uns überwältigt und uns erinnert an das, was ist.

Übersinnliche Wahrnehmung und Intuition

Der Wahrnehmungsbereich für Intuition befindet sich unmittelbar über Ihrem Kopf. Wenn Sie sich für die Intuition öffnen möchten, ist es erforderlich, bewusst oder unbewusst das Wahrnehmungszentrum ein Stück weit über Ihren Kopf zu verlagern. Natürlich ist es noch einfacher, wenn Sie Ihr Wahrnehmungszentrum ständig dort lassen und von dort aus leben – in ständiger Verbindung mit Ihrer Intuition.

Stellen Sie sich einfach vor, über Ihrem Kopf befindet sich ein Trichter, der alle »Ein-fälle« auffängt und an Ihr Bewusstsein weiterleitet. Diese Informationen werden so auch für den Verstand erreichbar, soweit er sie begreifen kann. Das geschieht am leichtesten im Alpha-Zustand, also einer Gehirnstromfrequenz von 7 bis 14 Hertz. Sobald Sie Ihr Wahrnehmungszentrum über Ihren Kopf verlagern, gehen Sie automatisch in den Alpha-Zustand.

Wenn Sie Ihr Wahrnehmungszentrum über dem Kopf halten und aus dieser höheren Warte leben, sind Sie in dauerndem Kontakt mit Ihrer Intuition. Dann leben Sie aus der Intuition. Sie brauchen nicht mehr auf Intuition zu warten und zu hoffen, sie ist Ihr ständiger Gast und jederzeit für Sie erreichbar. Sie können auf diese Weise sogar »auf Befehl« intuitiv sein und die Klarheit Ihrer Intuition ständig weiterentwickeln.

Unsere Intuition können wir wunderbar in den Alltag integrieren, sie bereichert uns in allen Lebenslagen und hilft uns
- bei der Gestaltung des Augenblicks,
- bei der Gestaltung der Zukunft,
- im Umgang mit uns selbst,
- in der Partnerschaft,
- im täglichen Miteinander,
- im Beruf usw.

Intuition hilft uns, die richtigen Antworten zu finden:
- Stimmt es?
- Gelingt es?
- Was? Wo? Wie? Wann? Mit wem?
- Wie fühle ich mich am Ziel?
- Wie kann ich den Weg dahin optimieren?

Intuition hilft uns auch, spielerisch den richtigen Weg einzuschlagen. Mit ihr sind wir in der Lage, Entscheidungen zu *treffen* – wir brauchen sie nicht mehr zu fällen.

> Der Verstand ist ein Versuch, das Unbekannte
> zu erkennen, und Intuition ist das Nicht-Erkennbare,
> das geschieht. Es ist möglich, in das
> Nicht-Erkennbare vorzudringen,
> doch es ist nicht möglich, es zu erklären.
> Es wahrzunehmen ist möglich,
> es zu erklären dagegen nicht.
> *Osho*

Ihre persönliche Meisterschaft

Die meisten Menschen meinen, es sei unmöglich, bewusst und willentlich weise zu werden. Ich bin vom Gegenteil überzeugt. Weisheit kann man sich nur bewusst und aktiv aneignen. Herumzusitzen und zu warten, dass sie uns zuteil wird, bringt uns keinen Schritt weiter. Allerdings sollten wir uns auf dem Weg zur Weisheit nicht zu sehr mit Wissen belasten. Intellektuelle Fragen sind für das spirituelle Wachstum ohne jede Bedeutung. Weisheit dagegen führt zu Klarheit und der Fähigkeit, die Wirklichkeit zu erkennen.

Wenn wir unser Leben vom Intellekt bestimmen lassen, werden wir draußen in der Welt ein sehr erfolgreiches Leben führen. Wir werden zu Wohlstand, Ansehen und Macht kommen, aber wir versäumen dabei uns selbst, unsere eigene Wirklichkeit. Die eigene Wahrheit zu erkennen, ist nicht leicht, denn die Wahrheit hat keine Form, ist nicht hier oder dort, sondern verborgen in allem und überall. Man kann sie nicht in Worte fassen, denn was man sagen kann, ist nicht mehr die Wahrheit, sondern bestenfalls ein Ausdruck der Wahrheit. Wenn wir aber zu Bewusstsein gekommen sind, können wir Wahrheit und Wirklichkeit wieder unmittelbar »wahrnehmen«.

Auf dem spirituellen Weg ist derjenige der größte Meister, der sich immer noch als Schüler sieht und so immer weiterlernt, während er gleichzeitig das, was er sich so angeeignet hat, mit Freude weitergibt.

Lernen heißt in Zukunft nicht mehr, Wissen in den Verstand zu füllen, etwas Gedachtes nachzudenken, sondern Zugang zur Allwissenheit, zu lesen im »Buch der Schöpfung«, und bisher Ungedachtes zu erkennen. Die Reise zu sich selbst kann eine Ewigkeit dauern oder sie endet in diesem Augenblick. Es ist Ihre Entscheidung.

Wer Gott sucht, muss ihn zuerst in den Menschen finden. Das ist der direkte Weg, Gott zu erkennen. Das wird leichter, wenn ich Gott in mir gefunden habe, wenn ich Gott als mein wahres Wesen erkannt habe. Dann aber brauche ich nur noch Gott durch mich geschehen zu lassen.

> Beginne die Reise zu dir selbst
> in diesem einen Augenblick.
> *Felix Aeschbacher*

Der Meister und seine Energie im Alltag

Wenn Sie entspannt sind, Zeit zum Meditieren haben und eine schöne Freizeit oder die Natur genießen, gelingt es Ihnen vermutlich schon relativ gut, in einem höheren Bewusstsein zu leben. Wie aber können Sie eine gute Energie, die Sie um sich aufgebaut haben, wahren, wenn Sie wieder in den Alltag gehen?

Ein ganz nützliches Hilfsmittel dabei ist der Tagesablauf (siehe Seite 144 ff.). Damit bauen Sie sich unzählige Erinnerungen auf, um sich an das zu erinnern, was ist.

Eine weitere Möglichkeit besteht darin, sich vorzunehmen, in jedem Menschen, der Ihnen begegnet, den Gott zu entdecken. Stellen Sie sich einmal vor, was passiert, wenn Sie Ihr Bewusstsein auf den Gott im anderen richten. Zunächst wird er das als sehr wohltuend empfinden, und Sie können nicht verhindern, dass Sie ihm sympathisch werden. Gleichzeitig aber – nach dem Gesetz der Resonanz – antwortet Ihnen das, was Sie ansprechen. Wenn Sie den Gott im anderen ansprechen, antwortet der Gott. Und auf einmal erleben Sie sich als Gott unter lauter Göttern.

Die Geschichte von einem Jungen, der Gott treffen wollte

Es war einmal ein kleiner Junge, der unbedingt Gott treffen wollte. Er war sich darüber bewusst, dass der Weg zu dem Ort, an dem Gott lebte, ein sehr langer war. Also packte er sich Coladosen und Schokoriegel in den Rucksack und machte sich auf die Reise. Er lief eine ganze Weile und kam in einen kleinen Park. Dort sah er eine alte Frau. Sie saß auf einer Bank und schaute den Tauben zu, die vor ihr nach Futter auf dem Boden suchten. Der kleine Junge setzte sich neben die Frau auf die Bank. Er öffnete seinen Rucksack und wollte sich gerade eine Coladose herausholen, als er den hungrigen Blick der alten Frau sah. Also griff er zu einem Schokoriegel und reichte ihn der Frau. Dankbar nahm sie die Süßigkeit und lächelte ihn an, und es war ein wundervolles Lächeln.

Der kleine Junge wollte dieses Lächeln noch einmal sehen und bot ihr auch eine Cola an, und sie nahm die Cola und lächelte wieder, noch strahlender als zuvor. Der kleine Junge war selig. Die beiden saßen den ganzen Nachmittag im Park auf der Bank, aßen Schokoriegel und tranken Cola, sprachen aber kein Wort. Als es dunkel wurde, merkte der Junge, wie müde er war, und er beschloss, nach Hause zurückzukehren. Nach einigen Schritten hielt er inne und drehte sich um. Er ging zurück zu der Frau und umarmte sie. Und die Frau schenkte ihm dafür ihr allerschönstes Lächeln. Zu Hause sah seine Mutter das Lächeln auf seinem Gesicht und fragte: »Was hast du denn heute Schönes gemacht, dass du so glücklich aussiehst?« Der kleine Junge antwortete: »Ich habe mit Gott zu Mittag gegessen, und sie hat ein wundervolles Lächeln.« Auch die alte Frau war nach Hause gegangen, wo ihr Sohn schon auf sie wartete. Auch er fragte sie, warum sie so fröhlich aussah, und sie antwortete: »Ich habe heute mit Gott zu Mittag gegessen … und er ist viel jünger, als ich dachte.«

(Verfasser unbekannt)

Die höchste Form des Lehrens ist die Stille.
Mit offenen Augen gehe ich in diese Stille und mache mir klar:
Ich bin der »innere Meister«,
ich hole mir dieses Meisterbewusstsein ins Hier und Jetzt –
ich bleibe in diesem Bewusstsein – mit offenen Augen –
und tue, was zu tun ist.
Ich spüre, wie es sich anfühlt, als dieser Meister hier zu sein.
Ich schaue, wie ich als Meister durch mein Leben gehe,
wie ich mit den Menschen umgehe,
wie ich meinen Beruf ausübe,
mit meinem Partner zusammen bin,
wie ich meinen Weg gehe, als Meister.
Ich schaue als Meister durch meine Augen.
Wie sehe ich als Meister diese Welt?
Ich spüre, wie das Ego sich meldet – und erlebe, wie ich damit umgehe.
Ich habe einen Verstand, ein Ego, ein Gemüt,
aber ich bin der Meister.

Teil 4
Weisheit ist ein Seinszustand

Weisheit durch Erkenntnis

*Wer weise sein will, sucht nach Wissen.
Das heißt aber nicht, dass die Summe
allen Wissens Weisheit ist.*

Weisheit ist im Gegensatz zum Wissen zeitlos und ewig. Wissen ist von seinem Wesen her linear und kann nie »rund« werden und zu einem Ende kommen. Weisheit ist ein Erkenntnisprozess, man erreicht sie nicht durch Sammeln von Wissen oder Zusammenfügen von Fakten oder Erfahrungen, sondern durch Loslassen, Innehalten und Stille. Weisheit kann nicht gedacht werden – sie ist ein Teil unseres wahren Wesens. In dem Maße, wie wir uns unserem wahren Sein nähern, werden wir weise, oder anders ausgedrückt: Wir vergessen unsere Unweisheit.

So ist auch der Glaube an einen nur gedachten Gott sinnlos. Erst die eigene Erfahrung lässt ihn lebendig werden. Das heißt auch nicht, dass ich mich Gott so weit wie möglich nähern sollte, denn dann bleiben es immer zwei, und die Einheit wird verfehlt. Erfahrung heißt, das *Eins*sein erleben. So wie der Same eines Baumes nicht der Baum ist, so ist unser potenzielles *Eins*sein nur der Same, und erst die Erfahrung lässt unser wahres Wesen Wirklichkeit werden. Aber wie beim Samen können wir uns nicht verfehlen, wir können nichts anderes werden als das, was wir sind. Wir werden, was wir sind, indem wir loslassen, was wir nicht sind. Bis dahin träumen wir nur von unserem wahren Sein.

Solange wir im Traum bleiben, bringen gute Taten nur einen schöneren Traum, aber kein Erwachen. Erst das Loslassen aller Identifikation (und damit Begrenzung) beendet den Traum und lässt uns zur Wirklichkeit erwachen.

Gelebte Weisheit und spirituelle Reife

Die indischen Weisen, die Siddhas *(Sanskrit: vollkommen, vollendet)*, glauben, man müsse das Altern des Körpers verzögern oder aufhalten, damit der Mensch genügend Zeit habe, die spirituelle Reife zu erlangen.

Voraussetzung für die spirituelle Reife ist es, das Bewusstsein ewiger Gegenwart körperlich zu erfahren, denn nur so wird das eigentliche Wesen der Zeit verwirklicht. Sobald ich in der Zeitlosigkeit des ewigen Seins lebe, im immer währenden Jetzt, findet keine Alterung mehr statt. Der Eindruck einer sich ewig wandelnden Zeit ist nur die Folge unseres Urteilens und unserer Reaktion darauf. Haben wir Urteilen und Reagieren verlernt, erlebt der Körper nicht nur Unsterblichkeit – auch geistige Allwissenheit und Erleuchtung geschehen und als Folge davon seelische Glückseligkeit.

Sobald ich wieder bewusst in der ewigen Gegenwart

lebe, wirkt die natürliche Wesenheit des Geistes, und diese lässt auch die natürliche Wesenheit des Körpers wirken.

Es entstehen ein unsterbliches Energiefeld und eine Kraft, die sich ständig erneuert. Um das zu erreichen, muss ich lernen, die Dualität zu überwinden. Das heißt konkret, mit Harmonie und Disharmonie in Übereinstimmung zu sein und auch in der Unvollkommenheit vollkommen bewusst zu bleiben. Es heißt auch, in der größten Aktivität in mir zu ruhen. Es bedeutet, dies alles zu erleben, ohne dabei geistig oder emotional unbeteiligt zu sein. Es bedeutet bedingungslose Hingabe an das Sein.

Es gilt, die drei Welten – Körper, Seele und Geist – zu einer Einheit zu verschmelzen und als diese Einheit in die Welt der Dualität zurückzukehren.

Die Wirklichkeit hinter dem Schein

Entdecken Sie die Wahrheit hinter den Dingen.

Setzen Sie sich irgendwohin, wo Sie sich besonders wohl fühlen. Lassen Sie Ihren Geist zur Ruhe kommen, bis nichts mehr existiert außer Ihrem eigenen, unendlichen Sein. Wenn es Sie nicht mehr gibt, sondern nur noch das ewige Sein, sind Sie in der Wahrnehmung der Wirklichkeit hinter dem Schein. Dann erfassen Sie mit einem Blick die Wirklichkeit aller Dinge, erkennen die *eine* Wahrheit.

In diesem Zustand richten Sie Ihre Aufmerksamkeit auf eine Frage, eine Aufgabe, eine Situation oder eine Beziehung und erfassen unmittelbar die Antwort oder die Lösung dazu. Das geschieht absolut mühelos, es braucht keine Zeit und ist umfassend und frei von Irrtum. Die Kunst besteht darin, sich selbst einfach loszulassen. Es ist der natürliche Zustand Ihres eigenen Wesens, und er wird spürbar, sobald Sie aus der »Illusion des Ichs« heraustreten.

Wiederholen Sie das Eintreten in diesen natürlichen Seinszustand, bis Sie ihn jederzeit in Nullzeit erreichen können. Das geht ganz einfach, indem Sie sich an die Wirklichkeit Ihres wahren Seins erinnern.

Wenn Sie in diesem Zustand wirklich einmal etwas nicht gleich verstehen, halten Sie Ihre Aufmerksamkeit einfach darauf gerichtet, bis sich Ihnen die Antwort enthüllt. Schauen Sie immer tiefer in das Wesen aller Dinge, bis Sie die eine Wahrheit hinter allem erkennen können.

Es gibt nichts zu tun, es geschieht ganz einfach, indem Sie es als Wirklichkeit erkennen und bejahen. Das Eintreten in diesen Zustand geschieht immer gleich, nur anfangs kann es sein, dass es einige Zeit dauert. Sobald Ihnen das Wesen der Zeit bewusst wird, braucht es dann keine Zeit mehr.

Die Geheimnisse des Seins

*Gedanken auf dem Weg zur
Wirklichkeit hinter dem Schein*

Wollen
Mit jedem Wollen stärke ich das Ich, das Ego, denn solange ein Wille aktiv ist, muss es auch ein Ich geben, das will. Wahres Wollen dagegen ist »Ein-Verstanden-Sein«.

Nachdenken
Sobald ich nachdenke, stärke ich nicht nur das Ich, sondern bin auch nicht mehr im Hier und Jetzt. Das Leben und das Selbst aber sind nur im Hier und Jetzt, also trenne ich mich durch Nachdenken von mir selbst und dem Leben.

Tun
Auch jedes Tun stärkt das Ego, denn es ist immer ein Ich, das tut. Leben aber kann man nicht tun, Leben geschieht. Leben ist.

Lernen
Richtiges Lernen ist nicht das Ansammeln von Wissen, sondern ein Erinnern an die Wirklichkeit. Das Gelernte soll in erster Linie nicht gewusst, sondern gelebt werden.

Lieben
Lieben ist Sein, die innere Wirklichkeit, ein Bedürfnis für das Selbst. Nur wer liebt, lebt wirklich, lebt die Wirklichkeit seines Seins, lebt sich selbst. Deshalb kann man lieben weder lernen noch verlernen, man kann es auch nicht tun. Bin ich aber *ich selbst*, geschieht Liebe ganz von alleine, als meine wahre Natur.

Leben
Man kann aus dem Verstand leben oder aus dem Gefühl, man kann aus der Erinnerung leben oder aus der Hoffnung, aber all das ist nicht wirkliches Leben. Leben ist bewusstes Sein, und Ausdruck dieses Bewusstseins ist Liebe. Wahres Leben geschieht aus dem Herzen, und dort sollte auch das Zentrum des Bewusstseins sein.

Geben
Geben ist Bekommen. Nur was ich ehrlichen Herzens gegeben habe, ist wirklich mein Eigentum und Teil meines Seins. Nur dieses Eigentum nehme ich mit, und wann immer ich es brauche, steht es mir zur Verfügung.

Die Liebe allein versteht das Geheimnis,
andere zu beschenken
und dabei selbst reich zu werden.
Clemens von Brentano

Die Lösung für alle Probleme

Die Geschichte von den 17 Pferden

Es war einmal ein Mann, der hatte drei Söhne, die er über alles liebte. Er besaß 17 Pferde. Als er spürte, dass seine Zeit gekommen war, versuchte er, die 17 Pferde unter seinen Söhnen aufzuteilen. Da er sie alle gleich liebte, hätte er am liebsten jedem alles gegeben. So vermachte er dem Ältesten die Hälfte, dem mittleren Sohn ein Drittel und seinem jüngsten Sohn ein Neuntel seines Besitzes. Als der Vater gestorben war, versuchten sie das Erbe zu teilen. Dem Ältesten hätten 8 ½ Pferde zugestanden, dem Mittleren 5 ⅔ und dem Jüngsten ein Pferd und ein Teil von einem anderen. So saßen sie ratlos beieinander und sahen keinen Weg, den Willen des Vaters zu erfüllen. Da kam ein Weiser des Weges geritten und fragte sie nach dem Grund ihres Kummers, und sie erzählten ihm von dem Vermächtnis ihres Vaters, das sie nicht erfüllen konnten. Der Weise sagte: »Ich will euch helfen. Ich gebe euch mein Pferd dazu, dann ist es ganz einfach.« Sie bedankten sich, und nun bekam der Älteste hoch erfreut 9 Pferde, der Mittlere 6 Pferde und der Jüngste 2 Pferde. Zusammen waren das 17 Pferde, und so nahm der Weise sein Pferd und ritt seines Weges, und alle waren zufrieden.

Der Vater wollte jedem alles geben und fand einen ungewöhnlichen Weg. Indem er seine Söhne vor ein Problem stellte, das nicht zu lösen war, wenn man nicht die Wirklichkeit hinter dem Schein erkannt hat, zwang er sie, einen Weg zu suchen. Sie suchten und fanden und konnten ihr Problem so lösen. Sie erkannten, dass stets etwas fehlt, wenn man scheinbar vor einem Problem steht, und dass man nur das Fehlende erkennen und hinzufügen muss – und die Lösung ist ganz einfach. Und so suchten und fanden die Brüder das Fehlende. Wann immer sie nun vor einem Problem standen, konnten sie es lösen.

Auch ich erkannte in der Geschichte die Lösung für alle Probleme des Lebens. So suchte und fand auch ich das Fehlende, wenn ich ein Problem hatte. Einmal fehlte Geld, ein anderes Mal fehlte Zeit oder ein Partner oder eine Idee. Manchmal fehlte auch ein günstiger Zufall. Wie aber schafft man einen günstigen Zufall? Ich suchte und fand die Lösung: Das kann nur ein Gott! Und ich erkannte, dass wir alle schlafende Götter sind, geschaffen nach dem Ebenbild Gottes. Sobald ich mich als Gott erkannt hatte und mich als Gott dem Problem zuwandte, gab es kein Problem mehr. Genau zu dieser Erkenntnis wollte der Vater seine drei Söhne führen. Damit hatte der Vater diese Erkenntnis aber auch mir vererbt – und jedem, der diese Geschichte hört.

> Wir leben hier den sterblichen Traum.
> Steige aus deinem Drama aus.
> Es ist alles eine Fata Morgana.
> *Osho*

Viele Wege führen zur Wahrheit

Wer zur Quelle gehen kann, geht nicht zum Krug.
(Leonardo da Vinci)

Auf dem Weg zur Wahrheit zu sein heißt, sinnvoll zu leben. Wenn wir auf dem Weg zur Wahrheit sind, müssen wir uns zunächst entscheiden, welchen Weg wir wählen, denn man kann auf ganz verschiedenen Wegen zur Wahrheit finden und den Weg auch auf ganz verschiedene Art gehen.

Alleine durch Denken kann die Wahrheit nicht ergründet werden, im Gegenteil, rein mit dem Verstand wird sie verfälscht. Wenn wir nur mit dem Verstand vorgehen, bleiben wir im Bereich des bereits Bekannten und sind wenig kreativ. Je mehr wir denken, desto mehr entfernen wir uns von der Wahrheit – trennen uns gleichzeitig von uns selbst und entfernen uns vom Sein, von unserer wahren Existenz.

Menschen, die den *Weg des Glaubens* gehen, brauchen

dafür keinen Beweis. Sie schöpfen aus den Quellen ihrer Intuition, aus Erkenntnissen und aus dem tiefen Wissen ihrer Seele. Weisheit wird erkannt wie ein Lichtblitz und führt uns zu höheren Bewusstseinsstufen. Gläubige Menschen lassen sich von ihrer inneren Stimme führen und vertrauen darauf, dass alles seinen richtigen Lauf nimmt. Glauben heißt, die »innere Wahrheit« in sich finden und erkennen. Ein unerschütterlicher Glaube ist wohl der zuverlässigste und direkteste Weg zur Wahrheit.

Eine weitere Möglichkeit ist der *naturwissenschaftliche Weg*, so wie die Menschheit ihn in den vergangenen Jahrhunderten vorwiegend gegangen ist. Durch Forschung und genaue Beobachtung sowie durch logisches Denken kamen wir dadurch zu großen Wahrheiten auf vielen Gebieten. In der Zwischenzeit stoßen wir auf Wahrheiten, die dem naturwissenschaftlichen Denken zu widersprechen scheinen. Wir spüren, dass es auch Wahrheiten gibt, die wir momentan noch nicht wissenschaftlich erklären oder beweisen können.

Dann gibt es den *esoterischen Weg* mit dem uralten geheimen Wissen verschiedener Kulturen, Verbände und Eingeweihter. Esoteriker findet man unter Wissenschaftlern und unter den »Spirituellen«, und immer mehr bricht die Einsicht durch, dass es nur die eine Wahrheit gibt, und auf dem Weg zu ihr vereinigen sich Religion und Naturwissenschaft.

Weitere Wege zur Wahrheit sind Selbsterkenntnis und Selbstverwirklichung, Positives Denken, Liebe, Dienen, Ehrlichkeit und *Führung durch den inneren Meister*, durch ein Leben als Gott. Dabei ist die Trennung von Gott aufgehoben. Ein Mensch, der diesen Weg geht, ist eins mit dem Einen und eins mit allem. Er erkennt sich in allem und lebt als Gott, der in seiner Schöpfung und damit in sich ruht. Er ist der Tropfen, der in den Ozean zurückkehrte und zum Ozean wurde. Er ist!

Die eine Wahrheit

Liebe die Wahrheit mehr als dich selbst.
Aber liebe die Menschen mehr als die Wahrheit.

Wahrheit kann weder erklärt noch beschrieben werden. Wahrheit ist das, was *ist*. Jedes Wort kann nur ein Hinweis sein, nicht aber die Wahrheit selbst. Wahrheit kann man nicht verstehen, man kann sie nur wahrnehmen.

Realität, Zeit und Raum sind so real wie ein Traum oder eine Fata Morgana. Man kann sie sehen, erleben, aber sie sind nicht wirklich. Sobald Sie aufwachen, ist der Traum vorbei. Es gibt nichts außer dem *einen* Bewusstsein, das sich in der von ihm geschaffenen Realität spiegelt und sich so wahrnimmt. Auf der Ebene des *einen* Bewusstseins gibt es weder Schöpfung noch Vergänglichkeit, weder Geburt noch Tod, weder Schicksal noch einen freien Willen.

Die anhaltende Erscheinung und das Erleben eines Traumes sind kein Beweis für seine Wirklichkeit, lediglich für seine Existenz als Traum. Doch ist der Traum eine Reflexion des einen Bewusstseins, wie ein Schatten, der auch keine eigene Substanz hat, aber ohne Substanz kann der Schatten gar nicht erst entstehen.

Wirklich existent ist nur das *eine* Bewusstsein, das als viele, als Dinge, Ereignisse und Situationen in Erscheinung tritt. *Selbst*erkenntnis ist somit tatsächlich ein Erfahren der bestehenden Einheit des Seins. Nicht ein einziger Gedanke kann ohne das *eine* Bewusstsein entstehen. Damit die Erscheinungswelt erlebt werden kann, braucht es die scheinbare Trennung (Dualität) zwischen Erlebendem und Erlebtem, obwohl es tatsächlich keinen Unterschied zwischen beiden gibt und es in Wirklichkeit nur das *Eine* ist. Das *eine* Bewusstsein hat nie etwas von ihm Getrenntes geschaffen. Der Tanz kann nicht vom Tänzer getrennt werden, er findet nur statt, weil der Tänzer *ist*.

In einem Traum erscheinen der Traumkörper und alles andere sehr real. Die Sinne sind scharf, wie im Wachzustand, und erst durch das Aufwachen erkennen wir, dass alles nur ein Traum war. Die Schöpfung ist in Wirklichkeit keine Schöpfung, ebenso wenig wie ein Spiegelbild eine Schöpfung dessen ist, der sich spiegelt. Alle Erscheinungen sind identisch mit dem, was Bewusstsein *ist*.

Das *Eine* braucht weder angebetet noch verehrt zu werden, es muss nur erkannt werden. Das wahre Gebet ist die *Selbst*erkenntnis, das ununterbrochene Gewahrsein der innewohnenden Gegenwart des *Seins*. Dieser

Vorgang der *Selbst*erkenntnis ist nicht an Riten oder Vorschriften gebunden, es gibt weder Schritte noch einen Weg zu dem, was ich *bin*. Und Erlösung gibt es nur vom Nichterkennen dessen, was *ist*. Solange das Ich und Du und Wir sich nicht im Erkennen des *Einen* auflösen, gibt es keine Erlösung.

Das *eine* Bewusstsein ist wie das Meer. An der Oberfläche erscheinen Wellen in verschiedenen Formen und verschwinden wieder. Wenn Wellen denken könnten, würde die kleine Welle denken, dass sie klein sei, und die große, dass sie groß sei, und eine Welle, die sich im Wind bricht, würde denken, dass sie stirbt. Tatsächlich sind alles nur Erscheinungen an der Oberfläche des Meeres.

Wenn wir unsere Identifikation aufheben und unsere wahre Identität erkennen, betrachten wir uns als befreit und erlöst. In Wirklichkeit hat sich natürlich nichts geändert: Es ist nur ein Versteckspiel, welches das *eine* Bewusstsein mit sich selbst, in sich selbst, spielt. In Wirklichkeit gibt es nichts, wovon das *Eine* erlöst werden könnte.

Bei allem, was gesagt wird, spricht das universale Bewusstsein zum identifizierten Bewusstsein, es teilt sich sich selbst mit.

Wir nehmen den Ablauf der Zeit wahr wie das Fließen eines Flusses. Das zeigt, dass wir von unserem Bewusstsein her außerhalb der Zeit, in der Zeitlosigkeit sind. Wären wir im Fluss, könnten wir das Fließen des Flusses nicht wahrnehmen.

Die einfache Wahrheit ist, dass kein Ich befreit werden kann, da kein Ich existent ist und auch kein Selbst. Jede Bemühung eines Selbst, sich zu befreien, würde die Illusion nur noch verstärken, denn es setzt jemanden voraus, der sich zu befreien sucht.

Auch die Frage, ob jemand unwissend oder erleuchtet sei, ist illusorisch, da kein *Jemand* existiert. Auch der *Jemand*, der glaubt, frei oder erleuchtet zu sein, ist an die Illusion seiner Existenz gebunden. *Jemand* ist genauso existent wie der Rest des Traumes.

Natürliches Tun beinhaltet keinerlei persönliches Bemühen, es geschieht einfach. Wahrheit kann weder gedacht noch verstanden werden, sondern nur in einem stillen Bewusstsein wahrgenommen werden. Ein Mensch auf der Suche stellt sich irgendwann die Frage: »Wer bin ich?« Damit aber geht er wieder in die Trennung.

Der Verlust der »Illusion des Ichs« wird ersetzt durch den Gewinn der Totalität des Ganzen. Sobald die bewusste Wahrnehmung dessen, was *ist*, erfolgt, ist der Sinn des Lebens zu erkennen als ein Tanz, dessen Absicht der Tanz selbst ist. Das Sein will mit dem Tanz nichts erreichen als zu tanzen, um sich selbst im Tanz zu erfahren.

Das Ich ist weder ein individuelles Wesen noch Nichts oder Alles, es ist einfach nicht existent. Es gibt nichts außer der reinen Existenz, die sich durch die Manifestation in der Realität selbst bezeugt und erfährt. Die Illusion der sich ständig verändernden Realität geschieht einfach, die eine Wahrheit aber ist ewig und unveränderlich.

Sobald dies erkannt ist, wendet sich das Sein (das *Ich*

bin) wieder ganz der Illusion zu, um das Spiel zu vollenden.

> Den Pfad der Liebe gehen heißt,
> die Probleme zu sehen und mit Liebe,
> Mitgefühl und Nicht-Beurteilung zu handeln.
> Es ist nicht wichtig, was wir tun,
> sondern wie wir es tun und warum wir es
> genau so tun, wie wir es tun.
> *Magda Wimmer*

Das universelle Prinzip der spirituellen Manifestation

Die Verwirklichung eines erwünschten Endzustandes

So schaffen wir als Schöpfer die Umstände, die wir haben wollen:

1. Schritt
Ich gehe in die Identifikation mit mir selbst und mache mir bewusst, wer ich wirklich bin. Ich gehe in die Schöpfungskraft, in mein Meisterbewusstsein.
a) Ich mache mir die eine Kraft bewusst und

b) erkenne mich als Teil der einen Kraft.
c) Ich bin die eine Kraft.
d) Ich lasse Schöpfungskraft fließen.

2. Schritt
Ich mache mir klar, was ich nicht haben möchte, erkenne Disharmonie, falls es sie um mich herum geben sollte, und löse sie auf.

3. Schritt
Ich mache mir den erwünschten Endzustand bewusst und definiere exakt mein Ziel. Ich stelle mir bildhaft vor, wie dieser Endzustand erreicht ist, und träume, was mich dabei erfüllt. Dabei prüfe ich sorgfältig, ob es sich nur um einen Ego-Willen handelt oder ob mein Wunsch Schöpfungswille – und somit stimmig ist.

4. Schritt
Ich prüfe, ob der Endzustand innerhalb der Grenzen meines Glaubens liegt. Kann ich meinen Glauben entsprechend erweitern? Oder muss ich den erwünschten Endzustand reduzieren?

5. Schritt
Nun richte ich mein Bewusstsein auf den erwünschten Endzustand und gehe in die Energie des erfüllten Wunsches. Ich erlebe bildhaft und mit Gefühlen, wie ich mein Ziel erreiche, erlebe die Freude und die Dankbarkeit und spüre die Energie der Erfüllung.

Ich erlebe die Konsequenzen und die Folgen der Erfüllung, lebe in der Gewissheit der Erfüllung und erlebe ganz lebendig, dass es geschehen ist. Ich halte diese Energie des erfüllten Wunsches aufrecht, bis ich spüre, dass es vollbracht ist.

Von der Identifikation mit dem erwünschten Endzustand aus erinnere ich mich, wie ich es erreicht habe – in allen Einzelheiten. Ich erinnere mich, was zur Erfüllung geführt hat, und ich erlebe, wie ich jemandem erzähle, wie ich es geschafft habe.

Ich tauche immer wieder ein in die Energie der Gewissheit und Erfüllung, tauche ein in die Freude und Dankbarkeit und erlebe, wie es nach der Erfüllung weitergeht, wie ich in der Erfüllung lebe. Ich nehme die Erfüllung ganz in Besitz und gestatte dem Leben, es außen in Erscheinung treten zu lassen. Ich fühle mich wert, es jetzt in Empfang zu nehmen. Ich tue im Außen, was dafür zu tun ist, und lebe dankbar in der Erfüllung – so oft und so lange wie möglich.

Was ist Meditation?

Meditation ist gelöste Wachheit, die Wahrnehmung des Vorhandenen. Meditation heißt, der Situation gewahr werden und eins werden mit der Situation, aufgehen in ihrer Erfahrung. Handlung und Handelnder sind eins.

Die Bestandteile der Meditation sind:

1. Uneingeschränkte Aufmerksamkeit und Wahrnehmung dessen, was ist. Der Beobachter ist Teil des Beobachteten. Sind wir ganz in der Wahrnehmung, braucht nichts mehr mit Worten gesagt zu werden.

2. Konzentration auf alles und nichts: Gesammelt offen bleiben für alles, führt in die eigene Mitte und überschreitet den Verstand. Der Verstand kann nicht mehr übergreifen. Wahre Konzentration heißt, sein Bewusstsein sammeln auf die Mitte allen Seins und eins sein mit allem in seiner Mitte.

3. Bewusst sein. Dem Ernst der Konzentration die Freude des Seins an die Seite stellen. Kein verkrampftes, perfektionistisches Bemühen, sondern Leichtes und Freudiges geschehen lassen, Zelebrieren des Seins, des Alltäglichen. Außerdem: Disziplin und Konsequenz *(lat. discipulus = Schüler)*. Meisterbewusstsein ist Schülerbewusstsein. Offenheit – Gelassenheit – Gelöstheit – Wachheit – Freude – Ruhe – Liebe – sich über den Rhythmus des Atems als Teil des Ganzen erfahren (es atmet mich) – Absichtslosigkeit.

Die verschiedenen Meditationstechniken:
a. bildhafte Vorstellung (katathymes Bilderleben)
b. geführte Traumreisen
c. Visualisierungsübungen
d. Kontemplation
e. Mantram-Meditation (seinen Atem beobachten)
f. dynamische Meditation (Tai-Chi)

g. Zen Achtsamkeits-Meditation (seinen Atem beobachten)
h. Yoga
i. Meditatives Sein

Wer mit Meditation etwas erreichen will, verhindert Meditation. Meditation ist die Wahrnehmung des Vorhandenen. Nicht, was ich tue, ist wichtig, sondern nur *wie* ich es tue – so wie im Leben. Meditation ist liebevoller Umgang mit der ganzen Schöpfung, der Weg ins Zentrum des Seins. Alles loslassen, bis nur noch das Sein bleibt.

Das Märchen vom Hans im Glück

Dieses Märchen enthält die gesamte individuelle Evolution, die »Reise des Helden«, die keinem Menschen erspart bleibt – von der Abhängigkeit über die Freiheit in die Vollendung. Wenn man dabei die Kindergeschichte nur oberflächlich anschaut, müsste sie eigentlich »Hans der Dussel« heißen, denn scheinbar verschlechtert er sich mit jedem Tausch – so lange, bis ihm gar nichts mehr bleibt. Schaut man aber über die eigentliche Erzählung hinaus, erkennt man ganz Wesentliches!

Die Suche nach Glück ist eines der grundlegenden Motive menschlichen Handelns, und wohl jeder wäre gern ein echter Hans im Glück, wenn auch das, was wir unter Glück verstehen, sehr verschieden sein kann. In diesem Märchen wird klar, dass Hans, der für jeden Menschen steht, einem ganz bestimmten Plan folgt, der ihn sicher führt, bis er wieder zu Hause angekommen ist. Und so beginnt das Märchen:

> Hans hatte sieben Jahre bei seinem Herrn gedient und sagte zu ihm: »Herr, meine Zeit ist um, ich möchte gern heim zu meiner Mutter, gebt mir meinen Lohn!« Der Herr antwortete: »Du hast treu und ehrlich gearbeitet; wie der Dienst war, so soll der Lohn sein.« Er gab ihm ein Stück Gold, das so groß wie Hans' Kopf war. Hans zog sein Tüchlein aus der Tasche, wickelte den Klumpen hinein, setzte ihn auf die Schulter und machte sich auf den Weg nach Haus.

Hans spürt, dass die Zeit der Abhängigkeit vorbei ist, und vernimmt den inneren Ruf der Freiheit, sich von allen Bindungen zu lösen, um sich auf den Weg nach Hause zu machen. Er legt dabei die Höhe des Lohnes in das Ermessen des Herrn, wohl wissend, dass der Lohn einer innewohnenden Ordnung folgend angemessen sein wird. So bekommt er einen Klumpen Gold, so groß wie ein Kopf, als Symbol für den höchsten irdischen Lohn. Mehr als Gold kann man hier auf der Ebene der Materie nicht bekommen. Er bekommt diesen Lohn für *sieben* Jahre treue Dienste. Die Sieben ist seit jeher eine heilige Zahl. Die Woche hat sieben Tage, und in sieben Tagen hat Gott die Welt erschaffen. Die Sieben symbolisiert das vollendete Werk. Der Herr überlässt es Hans, welchen Gebrauch er von seinem Lohn machen will, und entlässt ihn damit aus der Abhängigkeit in die Freiheit und damit auch in die eigene Verantwortung.

Vielleicht hat Hans die sieben Jahre dem höchsten Herrn (Gott) gedient und dabei die Herzens- und Geisteskräfte entwickelt, die es braucht, um bereit zu sein für den Weg zu sich selbst? Denn ganz offensichtlich folgt Hans auf diesem Weg einer erwachten Herzensweisheit, die ihn nicht nach den Maßstäben dieser Welt handeln lässt. Dabei bleibt er immer ganz einfach und natürlich. Wir erkennen auch immer deutlicher, dass Hans mit den Ereignissen der Geschichte in einer geheimnisvollen Weise verbunden ist, und dass diese Ereignisse nur in dieser Reihenfolge geschehen konnten.

Als er so dahinging, kam ihm ein Reiter entgegen, der frisch und fröhlich auf seinem munteren Pferde dahertrabte. »Ach«, seufzte Hans ganz laut, »was ist das Reiten schön! Da sitzt man wie auf einem Stuhl, stößt sich an keinem Stein, spart die Schuhe und kommt doch schnell voran!« Der Reiter hatte das gehört, hielt an und rief: »Ei, Hans, warum läufst du denn zu Fuß?« »Ich muss ja wohl«, antwortete er, »ich habe einen Klumpen Gold heimzutragen, der drückt mich sehr!« »Weißt du was, wir wollen tauschen; ich gebe dir mein Pferd und du gibst mir dein Gold«, schlug der Reiter vor. »Von Herzen gern«, sprach Hans, »doch ich sage euch, ihr müsst euch damit arg schleppen!«

Als Erstes erkennt Hans, dass auch höchster irdischer Lohn ganz schön schwer werden kann, wenn man auf dem Weg nach Hause ist, und dass der Weg dadurch viel länger erscheint, wenn man sich mit irdischen Dingen abschleppt, mögen sie noch so wertvoll sein. Da kommt ein Reiter daher, und sofort erkennt Hans seine Chance, leichter und schneller nach Hause zu kommen, und ohne zu zögern tauscht er den Klumpen Gold gegen das Pferd, obwohl er dafür sicher viele Pferde hätte bekommen können.

> Hans war seelenfroh, als er auf dem Pferde saß und so frank und frei dahinreiten konnte. Nach einem Weilchen gefiel es ihm, schneller zu reiten, und er begann, mit der Zunge zu schnalzen und »hopp hopp« zu rufen. Das Pferd setzte sich in schnellen Trab, und ehe er sich's versah, lag er abgeworfen in einem Graben. Hätte ein Bauer das Pferd nicht aufgehalten, wäre es noch dazu durchgegangen.

Sehr schnell kommt die nächste Lektion, und Hans erkennt, dass es nicht genügt, ein Pferd zu haben. Man muss auch reiten können. Man muss lernen, seine Leidenschaften zu zügeln. Das Pferd steht für die Leidenschaften, die animalische Seite des Menschen. Wer hätte sich nicht schon einmal gewünscht, im Leben schneller und leichter voranzukommen! Aber das geht eben nur, wenn von uns entsprechende Voraussetzungen dafür geschaffen worden sind. »Alles Glück auf dieser Erde liegt auf dem Rücken der Pferde«, mag Hans vielleicht gedacht haben. Aber ehe er sich's versah, war er abgeworfen und gezwungen, die Situation einmal aus einer anderen Perspektive zu betrachten. Das Ego hatte ihm mit seinem Wunsch nach Bequemlichkeit einen Streich gespielt, und er war wieder schmerzhaft auf dem Boden der Tatsachen gelandet.

Aber aus einer inneren Weisheit heraus weiß Hans, was er braucht, überlässt es jedoch den Umständen, die Erfüllung herbeizuführen, ohne von sich aus die Dinge zu beschleunigen. Wenn das Leben ihm dann allerdings eine Chance bietet, dann greift er auch ohne Zögern zu.

Dieser Bauer trieb eine Kuh vor sich her. Er half Hans auf die Beine, der verdrießlich zu dem Bauern sagte: »Das Reiten ist ein schlechter Spaß, zumal auf einer solchen Mähre wie dieser, die einen abwirft, dass man sich den Hals brechen könnte. Ich setze mich nimmermehr auf ihren Rücken. Da lob ich mir eure Kuh; hinter der kann man gemächlich drein gehen und hat obendrein jeden Tag seine Milch, Butter und Käse. Was gäb ich darum, wenn ich eine solche Kuh besäße!«
»Nun, habt ihr einen solchen Gefallen an dieser Kuh, so will ich sie euch gern für das Pferd überlassen«, sagte der Bauer. Hans willigte mit Freuden ein, und der Bauer schwang sich aufs Pferd und ritt eilig davon. Ruhig trieb Hans seine Kuh vor sich her und war glücklich über seinen Handel. »Hab ich nur ein Stück Brot, daran wird mir's doch nicht fehlen, so kann ich

stets, wenn es mir beliebt, Butter und Käse dazu essen. Hab ich Durst, so melke ich meine Kuh und trinke Milch. Was will ich noch mehr?« Als er an ein Wirtshaus kam, machte er halt und aß alles, was er bei sich hatte, Mittag- und Abendbrot zugleich, auf einmal auf. Für seine letzten paar Heller ließ er sich ein halbes Glas Bier einschenken. Dann trieb er seine Kuh weiter, immer dem Dorfe seiner Mutter zu.

Hans handelt stets aus einem klaren Urvertrauen heraus. Er weiß, mit der Kuh würde er langsamer vorankommen, aber er wäre mit allem Not*wendigen* versorgt, gibt doch die Kuh Milch, die »Milch der frommen Denkungsart«, sodass er nun zwar langsamer, dafür aber sicherer nach Hause kommt.

Die Hitze wurde drückender, je höher die Sonne stieg. Hans lief über eine Heide, und in der Mittagsglut dürstete ihn sehr. Er dachte: Jetzt will ich meine Kuh melken und mich an der Milch laben, ehe mir die Zunge am Gaumen klebt. Er band die Kuh an einen dürren Baum, und weil er keinen Eimer hatte, stellte er seine Ledermütze unter. Doch wie er sich auch mühte, es kam kein Tropfen Milch zum Vorschein. Er stellte sich so ungeschickt dabei an, dass ihm das ungeduldige Tier mit einem Hinterfuß einen argen Schlag vor den Kopf versetzte. Hans taumelte zu Boden und konnte sich eine Zeit lang gar nicht besinnen, wo er war.

Doch es kommt nicht immer so, wie man sich das denkt, denn das Leben folgt seinen eigenen Gesetzen. Und so erkennt Hans bald, dass die Kuh gar keine Milch geben kann und seine vergeblichen Bemühungen dazu noch mit einem Tritt belohnt. Er wollte seinen »Durst nach Weisheit« befriedigen, aber das ist auch nicht so einfach wie gedacht. Er weiß auch nicht, wie er von nun an regelmäßig seine Milch bekommt. Aber er nimmt die ihm vom Leben auferlegten Prüfungen widerspruchslos hin und folgt doch unbeirrt seinem Weg. Er zeigt uns gewissermaßen, wie man mit den scheinbaren Widrigkeiten des Lebens umgehen kann.

> Glücklicherweise kam gerade ein Metzger des Weges, der auf einem Schubkarren ein junges Schwein liegen hatte. »Was tust du hier?«, rief er und half dem guten Hans auf. Der erzählte ihm, was vorgefallen war, und der Metzger reichte ihm seine Flasche: »Da, trink einmal und erhole dich. Die Kuh wird keine Milch mehr geben, sie ist ein altes Tier, das höchstens noch zum Ziehen taugt oder zum Schlachten.« »Höre, Hans«, sprach der Metzger, »dir zuliebe will ich tauschen und dir das Schwein für die Kuh lassen.«
> »Gott lohn euch eure Freundschaft«, sprach Hans, übergab ihm die Kuh und nahm das Schwein am Strick, an den es gebunden war.

Kaum hat er seine Lektion gelernt, aber eben auch nicht früher, bietet das Leben ihm die nächste Chance, und er tauscht die Kuh gegen ein Schwein. Das Schwein ist seit alters her das Symbol für Glück im Leben. Hier könnte die Geschichte zu Ende sein, denn scheinbar ist das Ziel ja erreicht. Aber das wahre Glück ist es noch nicht, denn er erkennt, dass das Glück auf die Dauer auch nicht glücklich macht.

Hans zog weiter und dachte darüber nach, wie gut es ihm doch ging: Wurde er unterwegs verdrießlich, so fand sich gleich etwas, das ihn wieder fröhlich stimmte. Bald gesellte sich ein Bursche zu ihm, der eine schöne weiße Gans unter dem Arme trug. Sie grüßten sich freundlich, und Hans erzählte ihm von seinem Glück, wie vorteilhaft er getauscht hatte. »Hebt einmal meine Gans, wie schwer sie ist! Acht Wochen lang ist sie genudelt worden! Wer in den Braten beißt, muss sich das Fett von beiden Seiten abwischen«, prahlte der Bursche. »Ja, die hat ihr Gewicht, doch mein Schwein ist auch nicht dürr«, erwiderte Hans. Da sah sich der Bursche nach allen Seiten ganz bedenklich um und flüsterte Hans zu: »In dem Ort, durch den ich eben gekommen bin, ist dem Schulzen ein Schwein aus dem Stalle gestohlen worden; ich fürchte, ihr führt es da am Seil. Die Dörfler haben schon Leute ausgeschickt, und schlimm wäre es für euch, wenn sie euch mit dem Schwein erwischten.« Hans ward angst und bange. »Ach Gott«, jammerte er, »helft mir aus der Not, ihr kennt euch hier besser aus. Nehmt mein Schwein und überlasst mir eure Gans!«

So bietet ihm das Leben erneut eine Chance, und er tauscht das Schwein gegen die Gans. Mit Freuden gibt er all sein Glück, das er gerade errungen hat, wieder her – für die Gans, ein Symbol für Wachsamkeit und Reinheit. Denn seine Herzensweisheit zeigt ihm, dass er für das eigentliche Glück sein Bewusstsein noch weiter reinigen und klären muss, und dazu braucht er die Achtsamkeit als Führer. So geht er mit seiner Gans achtsam weiter auf dem Weg und braucht auch nicht lange auf die nächste Chance zu warten.

Als er durch das letzte Dorf kam, sah er dort einen Scherenschleifer mit seinem Karren stehen. Der ließ sein Rad schnurren und sang dazu: »Ich schleife die Schere und drehe geschwind, und hänge mein Mäntelchen nach dem Wind.« Hans blieb stehen und sah ihm zu. Endlich sprach er ihn an: »Euch geht's wohl gut, da ihr so lustig bei eurem Schleifen seid.« »Ja, das Handwerk hat goldenen Boden«, antwortete der Scherenschleifer, »ein echter Schleifer verdient sein Geld! Doch wo habt ihr die schöne Gans gekauft?« »Die habe ich nicht gekauft, sondern für mein Schwein eingetauscht.«

»Und das Schwein?« »Das habe ich für eine Kuh bekommen.« »Und die Kuh?« »Die hab' ich für ein Pferd bekommen.« »Und das Pferd?« »Dafür habe ich einen Klumpen Gold gegeben, der so groß wie mein Kopf war.« »Und das Gold?« »Das war mein Lohn für sieben Jahre Dienst.«

»Ihr habt euch jederzeit zu helfen gewusst, wenn ihr es nun dahin bringt, dass ihr das Geld in der Tasche klingeln hört, wenn ihr aufsteht, dann habt ihr euer Glück gemacht!«

»Wie soll ich das anfangen?« fragte Hans. »Ein Schleifer müsst ihr werden, so wie ich. Dazu gehört nichts als ein Wetzstein. Da hab ich einen, der ist wohl schon ein wenig schadhaft, doch sollt ihr mir dafür auch nichts weiter geben als eure Gans; wollt ihr mit mir tauschen?«

»Wie könnt ihr noch fragen?«, meinte Hans. »Ich werde jetzt zum glücklichsten Menschen auf Erden, wenn ich Geld in meiner Tasche finde, sooft ich hineingreife. Was brauch ich mir da länger Sorgen zu machen?«

Er reichte dem Schleifer die Gans und nahm den Wetzstein.

»Nun, nehmt noch diesen Stein dazu, auf dem sich's gut schlagen lässt, damit ihr eure alten Nägel gerade klopfen könnt«, sagte der Schleifer und hob einen gewöhnlichen schweren Feldstein auf. Hans lud den Stein auf seine Schulter und ging mit vergnügtem Herzen weiter.

Er begegnet einem Scherenschleifer, der frei und unbeschwert durch die Lande zieht, den Menschen hilft, ihre Sinne zu schärfen, um so immer besser die »Wirklichkeit hinter dem Schein« zu erkennen. Das scheint auch für Hans die ideale Aufgabe zu sein, und frohen Herzens tauscht er seine Gans gegen einen Schleifstein und einen Feldstein. Der Feldstein ist das Symbol für belastende Materie, die er noch mit sich herumschleppt, so wie seine Vergangenheit, sein Streben nach Glück und Weisheit. Und so zieht auch er nun noch leichteren Fußes immer weiter auf dem Weg nach Hause.

Vor Freude leuchteten seine Augen. »Ich muss in einer Glückshaut geboren sein«, rief er, »alles, was ich mir wünsche, trifft ein, es geht mir gerade so wie einem Sonntagskind!« Seit Tagesanbruch war er auf den Beinen, und er begann müde zu werden. Der Hunger plagte ihn, weil er allen Vorrat in der Freude über die erhandelte Kuh aufgezehrt hatte. Nur mit Mühe konnte er weitergehen und musste jeden Augenblick ausruhen, denn die Steine drückten ihn schrecklich. »Wie gut wäre es, wenn ich gerade jetzt nichts zu tragen brauchte«, dachte er und schlich wie eine Schnecke an einen Brunnen. Dort wollte er rasten und sich durch einen frischen Trunk laben. Um die Steine beim Niedersitzen nicht zu beschädigen, legte er sie vorsichtig auf den Brunnenrand, dann bückte er sich, um zu trinken. Dabei stieß er ein wenig an beide Steine an und – plumps – fielen sie hinab. Als Hans sie in der Tiefe versinken sah, sprang er erfreut auf, kniete nieder und dankte Gott, dass er ihm auch diese Gnade noch erwiesen und ihn auf eine so gute Art von den Steinen befreit hatte, die ihm nur hinderlich gewesen waren. »So glücklich wie ich«, rief er aus,

»gibt es keinen Menschen unter der Sonne!« Mit leichtem Herzen und frei von aller Last sprang er nun weiter, bis er daheim bei seiner Mutter war.

Trotz seines Durstes legt er zuvor sorgfältig seinen Schleifstein und seinen Feldstein auf den Brunnenrand, um etwas zu trinken. Als er sich über den Rand beugt, erkennt er im klaren Spiegel des Brunnens, der inneren Tiefe, dass seine Arbeit getan und er am Ziel ist. Dabei streift er die Steine, sodass sie in den Brunnen fallen. Hans aber, obwohl er eigentlich nun alles verloren hat, wofür er ein Leben lang gearbeitet hat, sagt: »So glücklich wie ich gibt es keinen Menschen unter der Sonne«, und frei von aller Last springt er nun fort, bis er wieder zu Hause bei seiner Mutter – wieder eins mit dem Ursprung – ist. Er hat sein Ziel erreicht und auf dem Weg dahin allen irdischen Ballast losgelassen. Er hat die »Illusion der Trennung« aufgelöst und das wahre Glück gefunden. Das Glück, im Einklang mit sich selbst zu leben. Das Glück, *eins* zu sein mit allem.

> Das Schönste in uns allen ist die Liebe,
> die wir zu verschenken haben.
> *Aischa Raja Adonay*

Wahre Stille

Wahre Stille ist nicht die Abwesenheit von Geräuschen, sondern es ist ein Punkt, an dem Raum und Zeit zusammenfallen in die Zeitlosigkeit des Seins. Um dorthin zu gelangen, wo du schon bist, und dich zu lösen von dort, wo du glaubst zu sein, musst du einen Weg gehen, den es nicht gibt. Es ist der Weg, auf dem du nicht bist, sonst wärst du schon dort, wo du seit jeher bist.

Für den Verstand ist das nicht zu verstehen, vielleicht sinnlos. Aber wenn Sie mit dem Herzen dabei sind, wissen Sie auf einmal, was es bedeutet.

Stille im Einklang mit dem Universum
- Die Stille als Weg erkennen,
- die Stille *wahrnehmen* – in die Stille lauschen,
- in die Qualität der Stille gehen,
- wortlos Pause machen *(in der »Stille-Pause« findet die Kommunikation über die Augen (Wesen) statt; das Wesen kann sich begegnen).*
- Die Schwelle der Zeitlosigkeit überschreiten und dort bleiben.

> Ohne Liebe kannst du den spirituellen Pfad
> nicht gehen, denn Liebe ist der Schlüssel.
> Die Liebe weist dir den Weg und
> die Liebe ist der Weg.
> *Eileen Caddy*

Wahre Freiheit

Wer dem Wunsch nach Freiheit folgt, bis er verschwindet, ist wirklich frei.

Schon als kleiner Junge war mein Drang nach Freiheit sehr stark, und ich machte mich auf die Suche nach der wahren Freiheit. Wie die meisten Menschen stellte ich mir zunächst auch die Frage: »Was muss ich tun, um frei zu sein?« Erst als ich erkannte, dass man nichts tun kann, um frei zu sein, verschwand der Wunsch nach Freiheit, und was blieb, war Freiheit. Wer Freiheit sucht, hat keine Chance sie zu finden, aber wer sie nicht sucht, wird sie auch nicht finden. Wirklichkeit ist paradox.

Man braucht sich nur in die Stille fallen zu lassen. Es ist wie in den Schlaf sinken, nur dass wir dabei in eine hellwache Klarheit sinken. In dieser Klarheit kann ich auch als Ego in Erscheinung treten, ohne mich damit zu identifizieren. Denn selbst wenn Sie meditieren, ist es das Ego, das meditiert – wozu sollten *Sie selbst* meditieren? Und wenn Sie Hilfe brauchen, ist es das Ego, das Hilfe braucht, denn wozu sollten *Sie selbst* Hilfe brauchen?

In diese leere Klarheit gehen wir unbemerkt tagtäglich. Jedesmal zwischen zwei Atemzügen ist Leere, auch zwischen zwei Gedanken, denn zwei Gedanken können nicht gleichzeitig sein, es entsteht eine winzige Pause, in der ist *nichts*.

Wirklich spontanes Handeln kommt aus diesem Nichts. Es hat nichts mit Ihnen zu tun, es handelt durch Sie. Es ist reines, folgenloses Tun. Nur wenn Sie aus dem Ego heraus handeln, tragen Sie die Folgen. Sobald Sie darüber nachdenken, fallen Sie ins Ego und damit in die Verantwortung. Solange Sie aus dem Nichts heraus handeln, sind Sie frei.

Aber wirklich frei sind Sie erst, wenn Sie auch den Wunsch nach Freiheit loslassen. Denn Freiheit ist ein Konzept. Auch das Nichts ist ein Konzept, eine Vorstellung. Sogar Erleuchtung ist eine Vorstellung. Erst wenn Sie das alles loslassen und dann sogar das Loslassen loslassen, sind Sie wirklich frei. Das aber ist nur *jetzt* möglich. Sie können nicht morgen frei sein, nur jetzt – in diesem Augenblick. Freiheit beginnt, sobald Sie alles losgelassen haben.

Um in der Freiheit anzukommen, ist keinerlei Anstrengung notwendig. Doch selbst Glückseligkeit ist noch ein Hindernis auf diesem Weg, denn da ist noch immer jemand, der etwas genießt, und das ist Trennung und damit noch nicht vollkommene Freiheit. Es ist ein Zustand, in dem man es gut aushalten kann, aber es ist eben noch keine wirkliche Freiheit. Das Gleiche gilt, wenn Sie bereit sind, Gottes Willen zu erfüllen. Da ist jemand, der den Willen eines anderen tun will. Trennung!

Wenn ein Studium beendet ist, mag es noch so interessant gewesen sein, gehen Sie wieder nach Hause. Also, wenn Sie bereit sind, alles loszulassen, sind Sie wieder zu Hause. Dazu müssen Sie auch den Wunsch nach Einheit loslassen, denn das sind gleich zwei Hindernisse. Erstens ist da ein Wunsch, und wo ein Wunsch ist, da ist auch jemand, der wünscht, und dann ist Einheit nur in der Dualität denkbar. In der Wirklichkeit gibt es keine Einheit. Wer sollte denn da mit wem eins sein?

Wollen Sie wirklich frei sein, so lassen Sie zuerst den Wunsch nach Freiheit los, dann die Vorstellung von Freiheit und letztlich sich selbst. Erst wenn niemand mehr da ist, der frei sein möchte, sind Sie wirklich frei, auch von sich *selbst*. Wahre Freiheit ist also nicht das Gegenteil von Unfreiheit, das sind beides noch Teile der Dualität. Wahre Freiheit ist auch frei von sich selbst. Folgen Sie dem Wunsch nach Freiheit, bis der Wunsch verschwindet, dann sind Sie frei. Aber so sind das nur Worte… *erleben* Sie es! Denn alles andere kann nicht wirklich überzeugen.

Das »Wort« sprechen

Worte verändern.

Indem ich das Wort spreche, kann ich alles heilen: mich, einen anderen, eine Beziehung, einen Umstand, jeden Aspekt des Lebens – auf jede Entfernung. Ich muss den anderen weder sehen noch kennen. Es geschieht Heilung unmittelbar durch den Geist.

Schritt 1

Ich sage einmal Worte so wie immer und beobachte, was sie mit mir machen. Sie geben mir bestenfalls eine Information, oft nicht einmal das, aber sie verändern nichts.

Schritt 2

Nun sage ich Worte einmal so, dass sie mich wirklich innerlich berühren. Ich verändere diese Energiequalität der Worte so, dass sie mich bewegen.

Schritt 3

Nun verändere ich die Energiequalität der Worte so, dass sie mich verändern. Das heißt, wirklich ergreifend zu sprechen. Meine Worte werden noch mächtiger, indem ich sie innerlich sage (also stumm) und indem ich sie mehrfach wiederhole und innerlich erlebe. Das heißt »das Wort sprechen«. Damit schaffe ich eine Ur-Sache, auf die eine Wirkung folgen muss. Das Wort sprechen ist das Kernstück jeder Heilung.

Das Wort wird noch mächtiger durch die Stille danach. Das Wort wird allmächtig, indem ich es als der spreche, der ich wirklich bin, als »Ich bin«, in der Vollmacht meiner wahren Identität.

Ich kann das Wort »ohne Worte« oder auch »mit Worten« sprechen, ich kann es mit energetischen Kräften vertiefen. Aus der Allmacht meiner wahren Identität spreche ich »seins-verändernd«, denn so ist jedes Wort eine Ur-Sache.

Der Meister als Vorbild

Der erleuchtete Meister ist ein Mensch, der nach langer und entbehrungsreicher Wanderschaft durch endlose Wüsten eine hohe Mauer gefunden hat und feststellt, dass dahinter endlich das Paradies wartet. Aber anstatt hinabzusteigen, geht er zurück in die Wüste, um den anderen Führer zu sein.

Ein Meister muss nicht nur die Grundlagen seines Gebietes beherrschen, sondern das Leben in seiner Ganzheit in sich verwirklicht haben. Er sollte nicht nur leben, was er erkannt hat, sondern auch in der Lage sein, seine Erkenntnisse an andere weiterzugeben. Ein Meister ist der lebendige Ausdruck des Weges. Und da der Weg kein Ende hat, ist auch der Zustand der Meisterschaft in jedem Augenblick neu. Doch selbst der beste Meister kann einen anderen nur zu der Stufe führen, auf der er selbst steht. Aber ein Heiliger, der auf der Spitze des Berges steht und ruft: »Kommt alle«, ist sicher weniger hilfreich als ein Meister, der gerade die Schritte gemeistert hat, die der andere vor sich sieht.

Manche Menschen wirken als Meister durch ihre überragende Intelligenz, durch ihre rhetorische Brillanz und ihre Fähigkeit, andere durch ihre Rede und Erscheinung in den Bann zu ziehen. Aber das alles sind nicht unbedingt Fähigkeiten, die den Meister erkennen lassen. Ein Meister kann ein schlichter Mensch sein. Wahre Größe äußert sich nicht in blendendem Glanz, sondern eher in Bescheidenheit, denn wer Bescheid weiß, ist auch bescheiden. Ein wahrer Meister glänzt nicht – er strahlt! Eine Eigenschaft, die einen Meister auszeichnet, ist Natürlichkeit. Er ist einfach er selbst. Seine Einfachheit, oft gepaart mit einem feinen Humor, seine Geduld, seine Gelassenheit und seine positive, liebevolle Einstellung allem gegenüber treten selbstverständlich und natürlich aus seinem Wesen hervor, und er ist nicht an seiner Wirkung auf andere interessiert.

> Ein wahrer Meister ist mit seinem Gott-Selbst eins.
> Alle äußeren Dinge verblenden ihn nicht mehr.
> Er ist befreit aus dem Spiel der Dualität.
> Er hat das Mysterium der Existenz durchdrungen.
> Er kennt die Wahrheit und
> er ist Meister der Liebe geworden.
> *Osho*

Die erleuchteten Meister

Die so genannten erleuchteten Meister können hilfreiche Lehrer sein, besonders wenn wir noch am Anfang der Bewusstseinsreise sind. Aber sie sind nur im spirituellen Sinne erleuchtet und können uns nicht zeigen, wie man diese Erkenntnisse in das Leben auf dieser Erde integriert, denn das haben sie meist selbst nicht verwirklicht. Sie können nur in relativer Abgeschiedenheit leben, und oft zeigen sich auch bei ihnen allzu menschliche Neigungen, selbst wenn sie das zu verbergen suchen. Aggression, Eitelkeit, Sexualität und Habgier – um nur einige zu nennen. Die Geschichte ist voll von Tragödien, die uns die Schattenseiten geistiger Führer zeigen. Das ist unvermeidlich, solange sie einen Teil ihres Seins unterdrücken. Wir befinden uns alle noch auf dem Weg der Evolution, und zwar mehr oder weniger gemeinsam.

Wenn Sie jemanden wegen seiner Weisheit, seiner Liebe oder seiner Fähigkeiten bewundern, sollten Sie sich bewusst machen, dass Sie alle diese Eigenschaften ebenso in sich tragen und dass diese darauf warten, dass Sie sie erkennen, in Besitz nehmen und leben. Die Aufgabe eines noch so guten Lehrers kann immer nur darin bestehen, uns an uns selbst und unser geistiges Erbe zu erinnern und die Beziehung zu uns selbst zu stärken und zu vertiefen.

Obwohl wir alle auf dem gleichen Weg sind, ist die Reise eines jeden Menschen doch einzigartig, sodass nur Sie selbst erkennen können, was zu tun ist.

Das Christus-Bewusstsein in der menschlichen Geschichte

Krishna		Nordindien
Thot Hermes		Ägypten
Zarathustra	ca. 630 v. Chr.	Iran/Persien
Laotse	ca. 600 v. Chr.	China
Pythagoras	ca. 570 v. Chr.	Samos
Buddha	ca. 560 v. Chr.	Indien
Jesus	ca. 0	Palästina
Paulus	ca. 3 n. Chr.	Tarsus
Plotin	205 n. Chr.	Ägypten
Augustinus	354 n. Chr.	Algerien

Hildegard von Bingen 1098 n. Chr.   Deutschland
Franz von Assisi   1182 n. Chr.   Italien
Meister Eckhart   ca.1260 n. Chr. Deutschland

Einweihung und Erleuchtung

Bei der *Einweihung* zeigt Gott in mir das Universum und seine Gesetzmäßigkeiten. Ich erkenne die eine Kraft in allem, was ist. Dadurch erhöht sich meine Schwingung. Mit diesem Schritt tritt *ein neuer Mensch* in ein *neues Leben*. – Bei der *Erleuchtung* erkenne ich meine wahre Natur. Ich erkenne mich als das Universum; ich bin alles.

Die Merkmale einer Einweihung

Früher war die Einweihung begleitet von einem äußeren Prozess des »Stirb-und-werde« und geschah unter vollem Einsatz des Lebens in Konfrontation mit den vier Elementen. In der Schule des Lebens ist diese Probe immer noch ganz lebendig, wenn auch nicht mehr lebensgefährlich:

Die Erdprobe besteht darin zu beweisen, dass man gelernt hat, mit der Materie, speziell mit dem Geld, optimal umzugehen.

Die Wasserprobe besteht darin, in der Flut seiner Gefühle den Kopf klar und das Herz offen zu halten, um nicht darin unterzugehen. So wie Jesus den Sturm beherrschte und auf dem Wasser wandeln konnte.

Die Luftprobe besteht darin, seine Gedanken zu ordnen, sein Bewusstsein auszurichten auf die eine Kraft, es zu erweitern und zu erheben, bis es frei geworden ist von den Begrenzungen durch Raum und Zeit.

Die Feuerprobe besteht darin, seine Willenskraft zu meistern und letztlich den individuellen Willen in den Zentralwillen einfließen zu lassen. Wie Jesus sagte: »Vater, nicht mein, sondern dein Wille geschehe.«

Die Konfrontation mit den vier Elementen ist keineswegs immer angenehm, und es erfordert viel Geduld, bis wir nicht nur die Situation bewältigen, sondern daran sogar Freude finden. Einweihung ist daher niemals ein äußerer Vorgang, der durch einen anderen erfolgen kann, sondern immer eine Begegnung mit dem göttlichen Bewusstsein in mir selbst und damit ein Erwachen zu meinem wahren Selbst. Es ist etwas, das geschieht. Ich kann es zwar begünstigen, aber niemals herbeiführen. Niemand kann sich selbst gebären, sondern wir werden geboren. Und eine der letzten Hürden ist die Demut, geduldig abzuwarten, bis die Zeit gekommen ist, und nicht dem geistigen Hochmut zu verfallen, selbst bestimmen zu wollen, wann es so weit ist. Also bescheiden bleiben, denn wer Bescheid weiß, ist ohnehin bescheiden.

Zu den Einweihungsproben gehören auch der optimale Umgang mit der Zeit und die Erkenntnis, dass die Ewigkeit vor mir liegt. Ich lerne, jeden Schritt auf dem

Weg zum Ziel zu genießen und jeden Augenblick zu erfüllen, denn jeder Augenblick ist einmalig und kommt nie mehr wieder.

Der Eingeweihte ist wunschlos und glücklich, verlangt nichts und weist nichts zurück, was immer das Leben auch bringen mag. Da er nichts mehr besitzt, kann er auch nichts verlieren. Er hat alles losgelassen, was geringer ist als Gott und ist so als der »verlorene Sohn« nach Hause zurückgekehrt.

Die Merkmale einer Erleuchtung

- Sie erleben große Freude und Seligkeit im Alltag.
- Das innere Licht erstrahlt für Sekunden, Stunden, Tage oder auch für immer.
- Sie erleben die *Einheit* – Gott ist überall.
- Die Wirklichkeit offenbart sich, Sie bekommen Einsicht in die Akasha-Chronik.
- Sie brechen durch zur höheren Wirklichkeit – vom Ich zum Selbst.
- Es kann sein, dass Sie außerkörperliche Erfahrungen machen.
- Sie gelangen vom Unbewusstsein über das Ichbewusstsein zum Selbstbewusstsein und kosmischen All-Bewusstsein.
- Ein Zeichen der Erleuchtung ist das Erwachen der Kundalini.

Die Vorstufen der Erleuchtung

- Es bedarf Jahre der Vorbereitung und eines Ringens um Er-innerung.
- Es bedarf eines Lebens im Bewusstsein und des steten Gewahrseins.
- Spirituelles Wachstum ist eher möglich, wenn Sie sich ganz Ihrer Lebensaufgabe widmen.
- Achten Sie auf eine gute Energie in Ihrem Umfeld, sorgen Sie für Harmonie, Ordnung und Schönheit.
- Es bedarf eines Lebens im Hier und Jetzt. Ein Erleuchteter lebt in der Zeitlosigkeit, in der »*Ewigkeit des Augenblicks*«.

Die fünf Hindernisse auf dem Weg zur Erleuchtung

1. *Ablehnung:* Gegen etwas sein, Aggression, Hass, Wut, Ärger, Allergie

2. *Haben wollen:* Wünsche, Begierde, an etwas hängen, Erfolg, Sex, Macht, Besitz, Recht haben wollen, Anerkennung, Geld, Perfektion, Ziele erreichen wollen, Vollkommenheit und Erleuchtung erlangen wollen.

3. *Irrtum:* Mangelnde Einsicht, Angst, Illusion.

4. *Stolz:* Ego.

5. *Ungehorsam – Verstoß gegen die geistigen Gesetze:* Nicht im Ein-Klang mit der Schöpfung sein.

Immer währendes Glück?
Die Sehnsucht nach Erleuchtung

Auf der Suche nach Glückseligkeit

Es gibt viele Vorstellungen von Erleuchtung. Vor allem in unserer westlichen Welt nehmen wir an, Erleuchtung sei ausschließlich ein Thema für Heilige oder kahl rasierte Mönche – ein Zustand, den wir selbst nur schwer erreichen könnten.

So kursieren viele Irrtümer wie: Für Erleuchtung müsse man alles aufgeben und der Welt vollkommen entsagen; Erleuchtung erreiche man nur durch Armut und Enthaltsamkeit; Erleuchtung sei nur etwas für Asiaten – in westlichen Kulturen sei dieses Thema tabu; Erleuchtete lebten immer im erleuchteten Zustand; wer erleuchtet sein wolle, müsse sich in sexueller Enthaltsamkeit üben; Erleuchtung könne man in diesem einen Leben sowieso nicht erreichen, sie geschehe später, »irgendwann« oder überhaupt nicht; Erleuchtung erfahre man ausschließlich durch stundenlange Meditation (in vielen Leben); Erleuchtung sei nicht das Eintreten in eine neue Erfahrung, sondern die Erkenntnis dessen, was ist.

Erleuchtung kann man sich nicht erarbeiten. Je mehr man sich um Erleuchtung bemüht, desto schwieriger wird der Weg. Manche Erleuchtete behaupten, es gebe keinen nennbaren Weg oder eine Methode, um zur

Erleuchtung zu gelangen. Das Erwachen *geschieht* bei Menschen, die zutiefst froh sind und lachen können. Erleuchtung kommt nur durch die Freude und durch Glücklichsein.

Jemand, der unbedingt die Erleuchtung erfahren will, läuft Gefahr, egoistisch und selbstbezogen zu werden, oder er verfolgt diesen Weg vielleicht des Ruhmes wegen. Es kann auch passieren, dass er die Gegenwart versäumt, weil er sich ausschließlich auf die Zukunft konzentriert.

Erleuchtung ist nichts, was erst erlangt werden muss.

Erleuchtung ist keine Errungenschaft, sondern ein Erkennen. Wenn wir als Baby in diese Welt geboren werden, sind wir erleuchtet – nur fehlt einem Neugeborenen noch die Erfahrung mit der Identifikation des Ichs. So waren wir also schon immer erleuchtet und können unsere Erleuchtung gar nicht verlieren, sondern nur vergessen. Und in jedem Augenblick haben wir die Chance, uns wieder zu erinnern.

Der Weg zur Erleuchtung ist die Erkenntnis, dass es keinen Weg gibt, weil es keinen Weg braucht.

Die Erleuchtung kommt zu dir

*Ein Erleuchteter lebt nicht ausschließlich
im erleuchteten Zustand.*

Erleuchtung ist höchste geistige und seelische Reife, verbunden mit höchster Intelligenz jenseits der Dualität. Erleuchtung wird erfahren, wenn man die geistige Energie und Klarheit erreicht, die unser Bewusstsein derartig erweitert, dass es das reguläre Unterbewusstsein mit einschließt. In diesem Zustand liegen alle Informationen mit so viel Hintergrund vor, dass man z. B. Gut und Böse nicht mehr wertet. Es fühlt sich so machtvoll an, dass man sich mit allem, was ist, vereint fühlt. Alles ist eins. Die Erleuchtung kommt zu Menschen, die intensiv ihr Dasein genießen und aus den kleinen Dingen im Leben eine unbeschreibliche Freude entwickeln können. Sie sind überaus glücklich – einfach schon dadurch, weil sie *sind*. Sie lieben die Bäume, die Vögel, das Wasser, die Blumen, den Regen und die Erde, sie öffnen sich für alles Schöne und leben jeden Augenblick in tiefer Dankbarkeit für alles, was ist. Dann ist Erleuchtung gar nicht mehr weit.

Ein Erleuchteter ist nur für kurze Zeit im erleuchteten Zustand (oft mehrere Tage) – zum Glück, denn mit diesen Glücksgefühlen und in dieser unbeschreibbaren Liebe und Freude könnte er in unserer Gesellschaft nicht normal weiterleben. Für die Menschen in seiner

Nähe, die diese Glückseligkeit noch nie erlebt haben, ist der Zustand des Erleuchteten auf Dauer unerträglich. Auch ist es für den Erleuchteten wichtig, dass er weiterhin seiner Arbeit nachgeht und den Anschluss an seine Umgebung erhält.

Nach einer Erleuchtung ist alles wie vorher – doch das Leben ändert sich komplett zu einem Leben im Licht. Durch die Erleuchtung erkennt man auch die unendliche Winzigkeit des bisherigen Selbstbildes im Vergleich zum Ganzen. Dies führt meist zu einem Erlebnis des Ego-Todes und einer Wiedergeburt, in der sich der Erlebende neu definiert. Und dann ist nichts mehr wie es vorher war.

Auswirkungen der Erleuchtung auf den Alltag

Ein Erleuchteter lebt ein Leben in Leichtigkeit und ist nur noch wenig emotional. Er ist im Einklang mit sich selbst. Gerät er in eine Situation, in der ein anderer normalerweise leicht in Wut ausbrechen würde, reagiert ein Erleuchteter völlig angepasst und keineswegs destruktiv. Erleuchtete der höchsten Stufe (im Nirwana-Bewusstsein) kennen überhaupt kein persönliches Leid mehr – lang anhaltende Glückszustände ihrer Seele sind vollkommen normal.

Für einen Erleuchteten gibt es keine persönlichen Dinge mehr zu tun. Er lebt im Einklang mit der Schöpfung und in der Ewigkeit des Augenblicks. Das, was zu tun ist, lässt er durch sich geschehen. Die Aufgabe nach der Erleuchtung ist, dieses Bewusstsein in den Alltag zu bringen und zu wahren.

Erleuchtung zu erleben ist der größte Beitrag, den wir für die Welt tun können – und jeder hat während dieser Inkarnation die Möglichkeit, Erleuchtung zu erleben.

Sie wären nicht hier, wenn es nicht in Ihrer Lebensabsicht läge, in dieser Inkarnation erleuchtet zu sein.

Die Paradoxien der Erleuchtung:

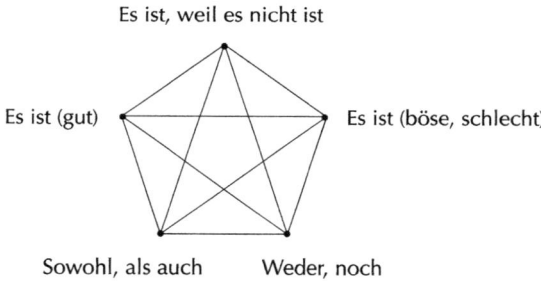

Der Erleuchtungs-Atem

Atem und Geist sind eng miteinander verbunden. Gedanken und Gefühle sind die Bewegung des Geistes. Der Geist kann erst wirken, wenn der Atem diese Bewegung umsetzt. Wenn Sie mit der Qualität Ihres

Atems arbeiten, können Sie damit direkt auf Ihren Geist einwirken. Dabei lösen sich gleichzeitig auch noch eventuell vorhandene Spannungen wie von selbst auf.

Die Überatmung (Hyperventilationsatmung)
Etwa 30 Minuten sehr tief atmen, bis sich die Grenzen des Körpers scheinbar auflösen. (Diese Übung ist mit Vorsicht und sachkundiger Betreuung anzuwenden.)

Über den Körper hinaus atmen
Den Atem so weit werden lassen, dass jeder Atemzug scheinbar weit über den Körper hinaus geht.

Den Körper wegatmen
Den Atem so weit werden lassen, dass der Körper scheinbar ganz verschwindet.

Selbst zum Atem werden
Nur noch den Atem »geschehen lassen«.

Licht atmen
Nicht mehr Luft, sondern Licht atmen und dabei immer »lichtvoller« werden.

Als »Nichts« atmen
Auch das Licht ist verschwunden, es ist nichts mehr da, das atmen könnte, und doch geschieht weiter Atem. Dann den Atem loslassen – einfach weiter geschehen lassen.

Es gibt nichts zu tun –
wir sind schon immer erleuchtet

Machen wir uns noch ein paar Gesetzmäßigkeiten bewusst. Die wichtigste: Es gibt nichts zu tun, denn wir sind schon immer erleuchtet. Es gibt kein Ziel, also braucht es auch keinen Weg. Die Welt ist genau so, wie sie sein sollte, und Gott ist in Tibet oder Indien genauso präsent wie in Ihnen. Es ist unerheblich, ob Sie ein Ziel erreichen, wichtig ist nur, dass Sie den Weg genießen, den sie gehen. Es ist auch gleichgültig, wie die Geschichte weitergeht, es ist nur ein Traum, eine Illusion. Ein Ich hat nur scheinbar einen freien Willen, tatsächlich lenkt das Selbst das Ich. Sie brauchen sich das nur einmal bewusst zu machen: Sie können tun, was Sie wollen, Sie können aufstehen, hinausgehen, lächeln, ernst schauen...

Sie können *tun*, was Sie wollen, aber Sie können nicht *wollen*, was Sie wollen. Das *Sein* bringt Sie auf die Idee, was Sie wollen, und das Ich greift diese Idee auf und will und denkt, es hat sich entschieden. In Wirklichkeit bestimmt Ihr Sein die ganze Zeit Ihr Leben.

Leben im Tao

*Leben im Fluss des Lebens und
Leben im Augenblick*

Das Leben hat keinen besonderen Sinn – zu leben ist der Sinn. Alle Dinge regeln sich von selbst, wenn wir im Tao sind (Tao = chin. Sein, Gesetz, Weg – der schöpferische Urgrund von allem, was ist). Wenn es keine Wünsche gibt, ist das Leben ganz von selbst in Ordnung. Und wenn Sie sich irgendwann einmal bemühen, sagt es Ihnen nur, dass es anders leichter ginge. Das Spiel des Lebens geschieht, ob wir *ja* sagen oder leiden. Wir können es weder verhindern noch vermasseln, noch können wir eine falsche Wahl treffen. Wir können aufhören mit sinnlosem Kämpfen, auch die Welt muss nicht gerettet oder verändert werden, und wir können unser Erwachen weder verhindern noch verpassen. Es spielt überhaupt keine Rolle, was geschieht oder ob es überhaupt geschieht. Das Leben erfüllt sich ganz von selbst, nichts muss in Ordnung gebracht oder verändert werden und wir können unsere Zeit auch nicht vertun, es sei denn, wir *vertun* sie mit Tun. Also lehnen wir uns zurück und erfreuen uns an unserem Sein. Ein Leben im Tao bedeutet, unser Meisterbewusstsein zu entdecken.

Resümee

»Wenn du etwas suchst, zeigt das, dass du es gefunden hast, sonst könntest du es gar nicht suchen. Du hast es bereits in deinem Bewusstsein. Also bist du es bereits. Und wenn du irgendetwas in dir ablehnst, lehnst du einen Teil der Schöpfung ab, kritisierst den Schöpfer, die Existenz selbst. Was willst du ablehnen, wenn du die Vollkommenheit des Seins erkannt hast? Und wenn dein Sein stimmt, dann wird auch alles stimmen, was du tust. Du kannst alles erreichen im Leben – wenn du dich nicht erreichst, hast du nichts erreicht. Ein Mensch kann unmöglich zwei Pferde gleichzeitig besteigen, also musst du dich entscheiden: Lebe ich als Mensch oder lebe ich als Meister?«

Gott ist in allem und überall.
Der einzige Weg, ihm nicht zu begegnen,
ihn nicht zu finden, ist,
ihn zu suchen.

Zum guten Schluss

Es gibt also zwei ganz verschiedene Arten zu leben. Aber machen Sie sich auch bewusst: Die Tatsache, dass Sie dieses Buch gelesen haben und sich mit diesen Erkenntnissen konfrontieren, zeigt, dass es für Sie stimmt, zu leben als Meister. Wenn Sie das jetzt nicht tun, stimmt es nicht, und Sie geraten in Disharmonie zu sich selbst. Es ist also nicht nur ein Geschenk, es ist auch eine Verantwortung. Das heißt, ab jetzt wird das Leben Sie sehr viel schneller und deutlicher erinnern, wenn Sie sich »unmeisterlich« verhalten haben, wenn Sie nicht mit sich in Einklang waren.

Viele Lehrer geben eine Philosophie mit auf den Weg. Ich zeige Ihnen, dass es nichts braucht, um der zu sein, der ich bin. Nur als *ich selbst* kann ich meinen Platz in der Schöpfung ausfüllen, und da ich einmalig bin, kann nur ich diese Aufgabe optimal erfüllen. Ein Lehrer oder ein Freund kann Ihnen immer nur zeigen, wie er sein eigenes Leben meistert; dieser Weg kann für Sie richtig sein, vielleicht sogar besser, aber es ist nicht Ihr Weg, und er könnte vielleicht für Sie nicht stimmig sein. Deswegen: Sorgen Sie dafür, dass Sie bei Bewusstsein sind, damit Sie Ihren Platz ausfüllen, den kein anderer für Sie einnehmen kann, und damit nichts ungeschehen bleibt, was geschehen sollte.

Eines gebe ich Ihnen doch mit auf den Weg: meine Erkenntnisse, meine Liebe und meinen Segen – und die

Erkenntnis, dass es nichts zu lehren gibt. Ein wirklicher Lehrer erinnert Sie nur daran, dass Sie angekommen sind und schon immer am Ziel waren. Es gibt keine Lehre und keinen, der etwas lernen müsste. Sie brauchen sich nur zu erinnern. Der Meister, der Sie werden können, sind Sie in diesem Augenblick, jetzt. Dieser Augenblick jetzt ist ein ganz besonderer Augenblick, ein einmaliger Augenblick, den es in der Schöpfung bis jetzt noch nie gegeben hat.

Denn wenn Sie jetzt gleich wieder in Ihren ganz normalen Alltag zurückkehren, liegt es in Ihrer Hand, hinauszutreten als Meister in einem gesegneten Körper und in ein segensreiches Leben. Und wenn Sie wirklich bereit sind, seien Sie ab jetzt ein Segen für jeden, der das Glück hat, Ihnen zu begegnen. Alles Gute für Sie!

Ihr Kurt Tepperwein

Kurt Tepperwein & Florentin Samòn

**Die Renaissance
der Frauenpower**
7 Schritte zur Liebesfähigkeit

ISBN: 978-3-7357-8600-5

Frau sein - Ganz sein
*Mentaltraining für eine
neue Weiblichkeit*

ISBN: 978-3-7322-9704-7

Kurt Tepperwein & Felix Aeschbacher

Leben im Überfluss
*Das praxisorientierte Wohlfühlbuch -
Die Zukunft selbst bestimmen*

ISBN: 978-3-7357-3761-8

Du bist wie Du bist!
Mut zum Anderssein

ISBN: 978-3-7322-9441-1

LEBEN IM JETZT -
STARTKLAR FÜR DAS MORGEN

ISBN: 978-3-7322-0566-0

OUT-BURN - Burn-out umkehren
Der Ausweg aus der Erschöpfungsfalle

ISBN: 978-3-7322-9156-4

Kurt Tepperwein & Felix Aeschbacher

Ab heute bin ich frei!
Befreiung aus dem Ego-Labyrinth
Das Zeitthema Nr.1: „Innere Kündigung"

ISBN: 978-3-7357-9253-2

NIE ODER JETZT!
Aufbruch zur wahren Identität
Der ultimative Lebensnavigator

ISBN: 978-3-7357-7925-0

Produkte zum Wohlfühlen
Ausbildungen zum Durchstarten
DVDs zur Innenbildung
CDs zum Entspannen

Ihr Ansprechpartner für alle Lebensbereiche!

„Unsere Herzens-Aufgabe ist die Bewusstseinsentfaltung."

E-Mail: go@iadw.com
❖ www.iadw.com ❖

- ❖ Tepperwein-Heimlehrgänge
- ❖ Tepperwein-Kompaktlehrgänge
- ❖ Tepperwein-Ausbildungen

- ❖ Bücher
- ❖ CDs und DVDs
- ❖ Geschenksartikel
- ❖ Gesundheitsboutique

Internationale Akademie der Wissenschaften Anstalt
Postfach 1628, FL-9490 Vaduz
Tel: +423 233 12 12 / Fax: +423 233 12 14